SOMMAIRE

LE VIN
UNE HISTOIRE DE GOÛT

Anthony Rowley et Jean-Claude Ribaut

DÉCOUVERTES GALLIMARD
CULTURE ET SOCIÉTÉ

R ond et changeant comme la lune, sa divinité tutélaire chez les Anciens, le raisin est un fruit de passage. Pourtant le vin, si modeste soit-il, demande qu'on lui accorde du temps pour son élaboration comme sa dégustation. Entre les deux, il y a tout l'effort des hommes à matérialiser – par la vue, le toucher, le goût – le plaisir du vin et à l'inscrire au catalogue de nos sensualités.

CHAPITRE 1

LE VIN DES TROIS SENS

" Alors que ni le toucher, ni le goût, ni (semble-t-il) l'odorat ne s'affaiblissent avec l'âge, il n'en est pas de même de la vue et de l'ouïe. Cela donne à penser que ces deux sens, particulièrement délicats puisque c'est à l'un que s'adressent les arts plastiques et à l'autre la musique, sont plus fragiles que les trois autres, assurément moins « esthètes » bien qu'au goût réponde la gastronomie, qu'il n'est pas interdit de regarder comme un art. "
Michel Leiris,
Journal

Déguster ou l'art de boire

La démarche passionnée
de l'amateur de vin est faite
d'incertitudes, de découvertes,
de plaisirs toujours différents.
Elle se tient en équilibre entre
le désir et la jouissance. Désir
d'attendre que le vin exprime
sa complexité, désir de
consommer et peur de gâter
le plaisir, comme le vigneron
résiste à vendanger tôt pour
conserver le fruit de son labeur.
Jouissance de la dégustation
où le plaisir croît en même
temps que le vin s'annule.
Il y a toujours dans le souvenir
la couleur garance d'un vin qui fut une ombre
légère, « comme la mer vineuse », disaient
les Anciens. C'est pourquoi la seule approche
technique aplatit la vérité ; elle ne rend guère
compte d'un terroir, de ses odeurs et saveurs qui se
répondent. Le vin est aussi affaire de géographie : en
témoignent l'abrupt paysage des Côtes-du-Rhône
septentrionales ou bien l'immensité bordelaise
à la lisière de la forêt, des pins et de la mer.

Un montlouis de cépage chenin, comme une
gravure en taille douce, suggère les bords de Loire
à l'approche du solstice d'hiver, les brumes sur
la rivière qui favorisent *Botrytis cinerea*, l'aspect
des grappes de raisin au moment où la grume
contient une pulpe qui est « tout vin », leur couleur
« levroutée » semblable à la robe brun clair du jeune
lièvre, le parfum des tilleuls qui entourent les
vignes, la pluie douce et bienfaisante qui vient
de la mer au printemps, sans oublier ni la passion
ni la ténacité du vigneron de Touraine.

Recherche-t-on
aujourd'hui, au-delà
du discours fleuri des
sommeliers, l'énoncé
des fragrances
aromatiques des vins :
la note de cassis,
de mûre, le souvenir
de la framboise ? Les
goûts, comme les vins,
évoluent. On sait
désormais que dans la
formation des arômes
du vin, le goût du fruit
a deux origines,
la texture du bois
de chêne et la maîtrise
de la biosynthèse des
composés de la baie du
raisin. La vinification
est devenue une
moderne alchimie.
Le vigneron est un
révélateur d'aldéhydes,
qui font que les vins
acquièrent un goût de
fruit rouge, ou bien
d'abricot ou de pêche
blanche.

L'œil, le nez, la bouche

L'amateur a l'œil d'un chineur ; la robe du vin
et ses nuances colorées n'ont plus de secret pour
lui. Il distingue le jaune indien subtil d'un vieux

champagne du jaune japonais orangé, premier
indice d'un bon et même d'un excellent rosé de
Provence. Il s'exerce à observer les mouvements
du liquide. La robe apparaît légèrement tuilée.
Les larmes, indices de la glycérine résiduelle,
se forment lentement sur la paroi de cristal.

Apprendre à distinguer les données aromatiques
d'un vin relève presque de l'art du parfumeur.
Un premier nez dévoile une concentration de fruit.
Après agitation, la complexité s'intensifie, le fruit
s'exprime, mêlé d'une note épicée, aiguë avec
une pointe de cuir. Puis montent les expressions
aromatiques, qui forment un bouquet précis,
parfaitement discernable pour la mémoire
du dégustateur averti.

Dans les séquences gustatives, l'amateur retrouve
les saveurs premières, puis les textures de mâche,
les arômes délicats enveloppants qui amènent
à la fine pointe du plaisir qui est de synthèse.
Il laisse venir les saveurs, les apparentes textures,
boisées ou sauvages, pulpeuses ou frissonnantes.
Alors l'attaque est nette et parfumée. La bouche
est équilibrée, la longueur n'en finit plus de mourir,
où se mêlent tous les arômes perçus au nez.
Une longueur délicieuse.

« Un buveur était à table, raconte Brillat-Savarin et au dessert on lui offrit du raisin. Je vous remercie, dit-il en repoussant l'assiette, je n'ai pas coutume de prendre mon vin en pilules. » Le vin et le fruit ont bien partie liée. Ajoutons aussi la framboise veloutée, la groseille défendue, la mûre inaccessible. La saveur des fruits rouges est proprement d'enfance, sa découverte la plus vive. Le premier vin de l'enfant, c'est le doigt de liqueur de cassis que l'on permet le dimanche au salon, et qui le familiarisera par anticipation aux vins des adultes, puissants breuvages qui s'accomplissent dans le fruit.

Spéculateurs, initiés et intuitifs

Certains ouvrent les flacons
attirés par l'odeur de l'argent,
celui qui impressionne, qui
rapporte ou qui procure une
reconnaissance hiérarchique.
Dans la robe d'Yquem, le velouté
d'un Sassicaia ou d'un Opus One
doit se glisser aussi le goût
inimitable de la réussite sociale.
Peu importe, au fond, c'est
l'amateur qui fait le vin autant
que le vigneron.

Déguster, c'est parfois donner
prise au chant des sirènes et à la
langue de bois. Le bois ? C'est le
fût de chêne neuf, indispensable
parfois, souvent inutile, nouveau terrorisme
d'une époque plate et sans différence, où prime
la typologie industrielle du vin, nourrie par la
chimie et l'analyse ampélographique. La typologie
d'un vin, voilà le nouveau paradigme introuvable,
valable bien sûr pour ceux qui l'ont élaboré et qui
en vivent. La politique du « gourmet », comme
on disait du temps de Balzac, est toute de
nonchalance, de plaisir et de rêverie.

La dégustation amène à se poser une série de
questions logiques. Mais il peut y avoir des pièges.
Verre en main, l'amateur observe d'abord la couleur.
Ce rose orangé est peut-être celui d'un tavel, d'un
côtes-de-provence ? L'orangé n'est pas spécifique
d'un type de vinification ; à l'œil, il peut s'agir de
n'importe quel rosé. Au nez s'exprime le parfum
caractéristique du pinot noir, aisément discernable
et qui exclut a priori une origine méridionale. La
couleur orangée garde son mystère car le vin n'est
ni oxydé, ni tuilé. Ultime recours, la dégustation
donnera la solution. La bouche est bourguignonne,
indiscutablement. Mais cette couleur ? Le vin ne
présente aucun vieillissement, il est frais, vif,
il « pinote » joyeusement. Un marsannay ? Non…
car s'il s'agit d'une expression du pinot noir,

Tout au long du cycle
végétatif, le vigneron
dispose de différents
moyens pour fixer
le rendement et
personnaliser son vin.
Le premier est la taille
qui consiste à élaguer
des parties de sarments
afin de maîtriser
la production et donc
le rendement.
Les réglementations
de chaque appellation
fixent le type de taille
autorisée. La taille
sèche (ou taille d'hiver),
pratiquée de décembre
à mars, est dite
« longue » ou « courte »,
selon le nombre d'yeux
(bourgeons) conservés
appelés à porter les
grappes. Dès cette
phase initiale, le
vigneron doit arbitrer
entre une production
abondante d'un vin de
qualité courante et la
grande qualité exigeant
des rendements
moindres.

le fameux cépage bourguignon appelé aussi « gros noirien » ; l'aire de production de ce vin mystérieux est plus septentrionale : les Côtes-du-Jura. C'est aussi ce qui explique le bon équilibre entre le fruit, l'acidité et la fraîcheur.

Les gestes du vigneron

Tout au long de la phase agricole, c'est du vigneron – et de la météorologie – que dépend la qualité du raisin. Autrement dit, le vin commence à la vigne et, parfois, y finit. À chaque étape du cycle végétatif, par le travail du sol, la taille qui permet d'équilibrer la physiologie de la vigne et de maîtriser déjà le rendement, l'observation de la véraison – la maturation – des baies formant les grappes, les traitements et la conduite des vendanges – manuelles ou mécaniques – jusqu'au choix

La taille, opération la plus importante de la conduite de la vigne, s'applique au rameau de l'année précédente lignifié (sarment), qui sera coupé partiellement à la première taille d'hiver. C'est en observant que des souches broutées par des animaux produisaient des raisins plus gros et de meilleure qualité, que l'on porta une attention particulière à la taille qui équilibre l'activité végétative de la souche, et influe sur le nombre et le volume des baies.

de la date de la cueillette, le vigneron façonne la personnalité de son vin. Et cela depuis les Romains qui connaissaient déjà les diverses manières de planter : vignes courantes comme longtemps dans l'Hérault ; vignes basses sans tuteur comme celles qu'on trouve en Espagne ; vignes à haute tige, soutenues « à l'italienne » par des échalas au besoin liés entre eux et qui forment des berceaux ; enfin vignes sur perches de biais, ce qui a inspiré les actuels supports en fil de fer. De même, les techniques de greffe n'ont guère changé. Dans son *De Agricultura*, Caton détaille la méthode en fente, celle en écusson et le marcottage, ou provignage, d'une tige de

Pour greffer, le vigneron a d'abord prélevé un morceau de sarment muni d'un bourgeon sur une souche saine; le plant qui a développé des racines est ensuite mis en terre (en haut, à gauche). Ainsi multipliés, les cépages restent identiques. Vient ensuite le liage (en bas, à gauche) pour fixer les sarments taillés aux fils de fer destinés à les supporter. Peu avant la maturation du raisin, le vigneron pratique l'écimage et l'effeuillage latéral afin que les grappes soient mieux exposées au soleil (ci-dessus). La vendange (ci-contre) dépend de la maturité et de l'état sanitaire des grappes.

La conduite de la vigne en lyre (ci-contre) offre l'avantage de présenter à l'action du soleil deux plans de palissage au lieu d'un seul. Cette méthode, employée surtout en Californie et en Nouvelle-Zélande, est utilisée en France pour la production de raisin de table et de rares vins d'appellation. Des études récentes montrent qu'elle permet d'améliorer le microclimat lumineux et thermique de vignes à faible densité et à grand développement. Les systèmes traditionnels de conduite de la vigne sont soit la forme libre à tronc et taille courts (dits « en gobelet » ou « en cordon »), sans palissage, avec une densité moyenne de quatre mille cinq cents pieds à l'hectare, que l'on rencontre surtout dans les vignobles méditerranéens, soit la forme palissée, à taille longue (Guyot) et densité supérieure (cinq mille à dix mille pieds), plus propice à l'obtention d'une bonne maturité du raisin dans les vignobles plus septentrionaux. Dans le Médoc, on conserve généralement deux sarments de l'année précédente portant six à huit yeux (bourgeons) liés à un fil de fer horizontal : c'est la conduite en Guyot double. À droite, de haut en bas, les cépages chardonnay et pinot noir.

cep que l'on replante. Quant à la division du travail viticole, les Romains de l'Empire distinguent les *alligatores*, ou lieurs, les *putatores*, ou tailleurs, les *vindemiatores*, ou vendangeurs, et les *calcatores*, ou pressureurs. Au total, une douzaine d'hommes seulement pour une vingtaine d'hectares, ce qui reste encore de nos jours une performance. Vient ensuite la vinification, qui tient de la danse et de la surveillance médicale. La danse, c'est celle des enfants jadis, et des pressoirs qui écrasent aujourd'hui délicatement les grains, avant que commence la longue digestion de la fermentation.

Le goût des cépages

Les cépages sont responsables du goût des vins. Un même cépage peut donner deux vins très différents dans une même région et dans une même appellation, en raison principalement de la nature des sols. Ainsi les plants américains introduits en France après le phylloxéra toléraient peu ou mal le calcaire. À l'inverse, c'est grâce au sol sablonneux et calcaire des Côtes-du-Rhône que la syrah donne un vin chaud à saveur de fruits rouges.

Ce sont également les cépages qui donnent aux vins d'assemblage cette magie inimitable, cette complexité à laquelle ne peuvent prétendre ceux que l'on appelle aujourd'hui « vins de cépage », en fait de monocépage. En Bordelais, les cépages couramment assemblés sont le cabernet sauvignon, le cabernet franc, le merlot, le petit verdot et le malbec. Le cabernet sauvignon est le plus complexe en raison d'une structure tannique très affirmée qui développe avec le temps des arômes puissants et un bouquet où persistent des notes de cassis et de violette. Le cabernet franc dispose de qualités identiques mais, selon le sous-sol, il déploie des parfums herbacés ou minéraux. Le merlot donne du soyeux, bien qu'il soit parfois opulent, fruité ou épicé ; c'est un cépage enchanteur. Le petit verdot au mûrissement tardif est utilisé pour renforcer l'acidité ; le malbec, à la peau épaisse et pigmentée, pour donner

de la couleur ; ces deux cépages sont toutefois sur le déclin. L'équilibre en effet n'est jamais assuré : en vingt ans, les mutations technologiques intervenues dans l'ensemble du secteur agro-alimentaire, l'évolution des goûts induite par l'emploi des édulcorants ont peu à peu modifié nos repères gustatifs, donc le dosage des vins.

La divine pourriture

Sur les bords du Cérons, dans le Sauternais, la brume matinale, humide et froide, saisit la grappe tardive ; puis, sous l'action de *Botrytis cinerea*, le soleil resserre le grain du cépage sémillon et concentre sa teneur en sucre. La « pourriture noble » se développe sur les grappes qui ont déjà atteint un degré avancé de surmaturité. *Botrytis cinerea* s'attaque d'abord à l'intérieur puis à la peau du grain qui prend une couleur brun violet et la pellicule disparaît : c'est le « pourri plein ». Le second stade est atteint lorsque le grain est ridé ; on dit qu'il est « rôti ». La richesse en sucre croît jusqu'à 18 ou 20 degrés, l'acidité diminue, et déjà s'élabore la complexité aromatique, le souvenir de fleurs et de fruits mûrs. Magie de la nature qui joue ici sur un seul cépage le rôle du vigneron.

Le premier vin botrytisé, vers 1650, fut le tokay aszù de Hongrie. Au cours du XXᵉ siècle, le plus célèbre des sauternes, le château d'Yquem, n'a produit que 93 cuvées, sept ayant été éliminées, jugées défectueuses car la pourriture noble avait fait défaut (ci-dessous, une grappe du célèbre

L'œil du maître

Aux différentes étapes de la vinification, le savoir du maître de chai et celui de l'œnologue se conjuguent. L'œnologie scientifique date de Pasteur dont les expériences sur la fermentation alcoolique ont ruiné les théories de la génération spontanée. La transformation du sucre du raisin en alcool sous l'action des levures se fait lors de la première fermentation, suivie – ou non – d'une seconde fermentation destinée à équilibrer l'acidité.

vignoble). Outre les grands liquoreux AOC de la rive gauche de la Garonne (sauternes, barsac et cérons), le Bordelais dispose également de crus autrefois réputés sur la rive droite (sainte-croix-du-mont, loupiac, cadillac).

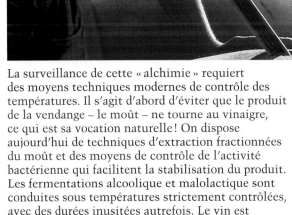

La surveillance de cette « alchimie » requiert des moyens techniques modernes de contrôle des températures. Il s'agit d'abord d'éviter que le produit de la vendange – le moût – ne tourne au vinaigre, ce qui est sa vocation naturelle ! On dispose aujourd'hui de techniques d'extraction fractionnées du moût et des moyens de contrôle de l'activité bactérienne qui facilitent la stabilisation du produit. Les fermentations alcoolique et malolactique sont conduites sous températures strictement contrôlées, avec des durées inusitées autrefois. Le vin est ensuite séparé de ses lies par soutirage.

La vinification ? « Un complexe de science et d'art, de connaissance et d'artisanat », disait le grand œnologue Émile Peynaud. Pour l'assemblage, il ajoutait : « lorsqu'il est réussi […], un mélange hasardeux accouche d'une chimère gustative ». Tout au long de la vinification, et du séjour du vin en barrique, on verra le maître de chai prélever régulièrement un peu de vin, le déguster, et procéder à l'ouillage, opération qui consiste à maintenir les barriques pleines par adjonction de vin de même qualité, afin d'éviter toute oxydation.

Le savoir de l'œnologue est consécutif aux travaux de Pasteur sur la transformation du sucre du raisin en alcool sous l'action des levures. La surveillance des fermentations requiert des moyens techniques modernes de contrôle des températures. Dès la mise en barrique, le vinificateur se doit de contrôler les progrès de son vin en le goûtant au moyen du tâte-vin, une longue pipette permettant de prélever le vin dans le fût (ci-dessus).

Dans le royaume des abeilles, chez les Nambikwaras d'Amazonie, vivent encore des hommes qui boivent le vin de miel qu'on offre depuis des millénaires aux dieux de la fécondité. Les parfums en sont si complexes et le plaisir si intense – Claude Lévi-Strauss les rapprochait des grands blancs de Bourgogne – qu'ils bénéficient forcément d'une intervention surnaturelle. Ici, comme jadis à Byblos, Tiflis ou Thèbes, le désir du vin est placé sous le double signe de l'espérance et du choix religieux.

CHAPITRE 2

L'ÂGE RELIGIEUX

Qu'il s'appelle Dionysos ou Christ, le dieu anthropomorphe est maître de la vigne, de sa genèse à la vendange. Généreux, il délègue ses pouvoirs au vigneron ; vengeur, il punit le roi thrace Lycurgue qui confond son fils avec une vigne et le tue en la coupant (ci-contre). Le dieu incarne la « vraie » vigne, celle qui donne toujours du vin.

Les pays du « trésor secret »

Il n'y eut jamais de désaccord sur les origines
« maternelles », autrement dit les conditions propres
à la culture de la vigne. Dans les deux hémisphères,
l'arbuste prospère dans une zone comprise entre les
28e et 50e degrés de latitude. Cela englobe, au nord,
le bassin méditerranéen, l'Asie Mineure, la Perse,
le Midi chinois, le Japon et l'espace compris entre
la Californie et les Cordillères ; au sud, le Chili,
le Pérou, le Brésil, l'Australie, la région du Cap et
les îles Sandwich sont des terres d'accueil. Certes,
les Britanniques s'évertuent à élever du vin près
de Cambridge à plus de 52 degrés de latitude nord,
mais le résultat laisse sceptique.

Reste à déterminer quelle terre reçoit la gloire
d'avoir « enfanté » la vigne. Le sujet mobilise déjà
dans la haute Antiquité puisque Hérodote précise
que la *vitis vinifera* n'existe pas chez les
Babyloniens qui s'approvisionnent dans la région
de Karkemish (Syrie actuelle) ou de Byblos (Liban),
moyen habile d'exclure les « barbares » de

Les soldats victorieux
n'oublient jamais
d'emporter du « bon »
vin, celui qui est
réservé au roi et
à la cour, après s'être
copieusement servis,
« comme s'il s'agissait
des eaux d'une
rivière ». En général,
les jarres, appelées
karpâtum et d'une
contenance de dix
litres environ, étaient
enfermées sous scellés
dans des caves.
En montrer le transfert,
c'est indiquer la
puissance du vainqueur
qui stocke le vin des
vaincus dans plusieurs
celliers construits tout
exprès, comme à Mari
sur l'Euphrate.

l'Euphrate. Au XXᵉ siècle, encore, des savants nationalistes « démontrent » que l'arbuste prospérait en France ou en Espagne dès l'ère tertiaire, tandis que leurs homologues soviétiques en tiennent pour la Géorgie, à coup de datation au carbone 14, avant d'être contredits, au temps du schisme communiste, par leurs confrères chinois qui exhibent des os divinatoires décorés datant de l'âge du bronze.

Cette compétition millénaire s'explique par l'association entre territoire de la vigne et préférence céleste. À Gibéon pour les Assyriens, dans les pays de Canaan (englobant Karkemish et Byblos) et de Moab pour les Hébreux, à Nysa sur le delta du Nil ou à Trialeti pour les Géorgiens, c'est une poussière de paradis qui est descendue sur terre. Rien d'étonnant donc si leurs voisins usent de tous les moyens – vol, achat ou conquête militaire – pour entrer dans la bienveillance des dieux. Si l'on est victorieux, comme le roi Sargon II d'Assyrie en 714 av. J.-C., on force les portes du « trésor secret » avant d'offrir des libations avec le vin du vaincu.

Le travail de la vigne accompagne le voyage des morts vers l'au-delà comme la promesse d'une félicité. Avant même les représentations picturales, les tombeaux des pharaons thinites contenaient des statuettes de serviteurs chargés de puiser le vin dans une amphore. Dans les tombes de Memphis, Beni Hassan ou Thèbes (comme ici), la même scène est souvent peinte : sous une voûte en berceau, des jeunes gens cueillent les grappes mûres avant de les placer dans la corbeille des vendanges. Ailleurs, un autre arrose le pied ou travaille le cep.

Querelles en paternité

La guerre des hommes est aussi celle des dieux. Les querelles en paternité viticole ont commencé dès que la littérature et l'art religieux entreprirent d'imaginer des dieux sur le modèle même des prêtres et des princes, leurs commanditaires. Celui qui apporte la vigne offre une distinction sociale au milieu de peuples dont les boissons coutumières sont le vin d'orge – on compte une trentaine de variétés de bières, des Celtes aux Assyriens – et le vin de miel pour les Grecs et les Latins. Osiris, « Seigneur de la crue », est ainsi le père de la vigne pour les peuples du Delta et sa notoriété viticole assure sa promotion comme dieu des morts. Faute de divinité, on invente des héros, à l'exemple du basque Ano (son nom désigne le liquide) ou du « laboureur prodigieux » chinois, Chin-Nong.

Boisson prestigieuse, le vin de raisin est également un enjeu culturel : ainsi, avant la conquête de la Gaule, les Romains suggèrent que les Gaulois échangeraient une femme contre une amphore, moyen de stigmatiser des gens qui ignorent la vigne et ne savent boire selon la civilité et la décence. Ce distinguo, inventé par Denys d'Halicarnasse, fournit le prétexte à de multiples guerres du vin et de la culture. Au début du XXᵉ siècle, il inspire encore Maurice Barrès et Ernst Jünger, réunis par l'esprit du vin rhénan contre les amateurs de bière, relégués dans l'enfer des « peuples sans culture », « prompts à la barbarie » et « peu soucieux d'héritage ». Le vin serait un aide-mémoire, aiguisant la pensée humaine puisqu'il coule partout « d'une vieille terre, cultivée en fidélité selon les rites des civilisations antiques ».

Selon Pline, les grands crus de l'Égypte étaient le naspercérite, l'orétique, l'ocnéathe, le péparèthe et le sébennytique, le plus réputé parce qu'il était produit dans le delta du Nil. Il recommandait aussi le vin de Coptas, en Thébaïde, pour ses propriétés curatives, et conseillait de se méfier de l'ecbolas, cause de maux de ventre, voire d'avortements, et de l'antilla, le vin d'Alexandrie, si agréable à boire qu'il enivrait facilement.

Le vin est né dans les livres

On comprend alors l'importance de l'inscription littéraire. Lorsque les rédacteurs de la Genèse précisent : « Noé le cultivateur commença à planter de la vigne » (9,20), celle-ci sert bien d'aide-mémoire pour fixer la renaissance de la terre après la catastrophe du Déluge et, en même temps, sa floraison annuelle est un moyen d'entretenir le souvenir de cette renaissance. C'est pourquoi la légende de Noé, qui emprunte beaucoup aux récits babyloniens, a tant d'équivalents, avec Xisouthros en Chaldée, Manou en Inde et Fa-hé en Chine. La vigne symbolise le lien rétabli entre l'homme et les puissances supérieures, la vendange est une bénédiction selon le prophète Isaïe et les terres sans vignes forcément « des déserts sinistres ». Cependant, pour que la promesse se concrétise, il faut honorer les dieux, ne pas les oublier dans l'ivresse, sinon la malédiction divine se manifeste. Voilà pourquoi les prophètes ne cessent d'entretenir par écrit la mémoire vacillante des peuples.

Le cycle de la viticulture, ses réussites et ses échecs, est utilisé par les prophètes pour caractériser les relations entre les Juifs et leur dieu. Quand les fils de Noé plantent la vigne (ci-dessous), ils marquent la fin du désordre cosmique engendré par le Déluge : « Quand on trouve du jus dans une grappe, écrit Isaïe, on dit : ne la détruis pas car c'est une bénédiction. » Mais cette joie retrouvée est fragile et dépend autant du travail que de la piété et de la tempérance des hommes : l'ivresse de Noé en est le premier signe. La destruction ou la stérilité de la vigne sont le signe du châtiment adressé par son propriétaire véritable, Dieu, qui sanctionne les errements du peuple juif : « Comment t'es-tu changé en plant dégénéré, en cépage bâtard ? » (Jérémie). On y retrouve aussi les traces du conflit économique entre nomades – « les bergers qui ont ravagé ma vigne, piétiné mon domaine » – et sédentaires, ceux qui plantent « dans un champ fertile [...] pour pousser des sarments, produire du fruit et devenir une vigne magnifique ». Par analogie, les défaites militaires ou, pire, l'exil sont assimilés à la victoire des bergers et à la ruine du vignoble.

Mais les hommes ont leur mot à dire, à commencer par les chefs. Chez les Sumériens, le roi Atrahàsis organise la cérémonie des adieux avant le Déluge, dont il est le seul à connaître l'imminence, et donne un banquet « où l'on but d'abondance ». Le vin couleur de sang est le compagnon idéal d'outre-tombe, si bien que les Grecs de *L'Iliade* et les Celtes en lavent les os des défunts, moyen élégant de détourner le sens d'une pratique à but prophylactique. Les usages du vin doivent donc être codifiés par écrit, depuis la culture de la vigne, ses éventuels incidents, comme l'intrusion d'un animal venu manger les raisins – c'est le cas dans le code hittite, vers 1730 av. J.-C. –, jusqu'aux réglementations commerciales sur les débits de boissons avec le code d'Hammourabi, autour de 1760 av. J.-C. Et lorsque Assurnasirpal donne, vers 870 av. J.-C., le plus grand banquet de l'histoire babylonienne, le rédacteur des inscriptions précise que 10 000 outres de vin ont été servies pendant dix jours aux 69 574 invités, signe de la munificence d'un roi qui pouvait « renvoyer chez eux, satisfaits et heureux » tant de commensaux.

Au début du IIIe millénaire avant notre ère, l'Étendard d'Ur (ci-dessus) décrit un festin royal à Sumer, le roi – assis sur son trône, à gauche – partageant le vin avec ses vassaux. Le cep de vigne poussant sur le mât du navire de Dionysos (ci-dessous) symbolise la puissance du dieu et résume la quête vers laquelle tend tout le travail du vigneron.

Les dieux au service des hommes

Le vin est à la fois le produit d'une envie, une technique et un plaisir, toutes choses aussi agréables que

dangereuses en cas d'excès. Un tel programme suppose à chaque étape une maîtrise qui est jugée hors de proportion avec une capacité humaine, quand bien même celle-ci se voudrait autonome. Le détour obligé par la divinité constitue ainsi un moyen d'affirmer le contrôle de l'individu pensant sur la nature, les objets et ses propres comportements. Voilà pourquoi Dionysos conquiert la maîtrise du vin sur les Géants, symboles de la nature bestiale. Signe d'intelligence, il sait tromper le roi Lycurgue ; sa façon de boire, où le geste de la main compte plus que la mimique de la bouche, rappelle la primauté du travail vigneron sur le plaisir du buveur. En inventant le don du dieu, les Anciens trouvent le moyen de célébrer leur propre génie.

Ils n'abdiquent pas pour autant leur liberté, que ce soit dans les jeux accompagnant le banquet ou dans la célébration de l'ivresse, exact contraire de la maîtrise. Même les héros n'y échappent pas : Héraclès, le dompteur exemplaire, se met aux pieds d'Augé et d'Omphale ; le soldat ivre s'empourpre, ne tient plus fermement son arme et finit par s'endormir, revenant ainsi par étapes au stade animal. Il est donc nécessaire que le dieu du

vin soit capable de rappeler
à l'ordre les abstinents
– « réservant des misères
à ceux qui ne boivent pas »
(Horace) –, ceux qui boivent
du vin à mauvais escient,
comme Marc Antoine à la
veille de la bataille d'Actium,
aveuglé par les « fumées
du vin [du Nil] », et les
intempérants, pardonnés s'ils
réussissent à marcher ivres
comme Bacchus ou Silène,
condamnés comme
Polyphème s'ils se laissent
aller jusqu'à ne plus savoir
ce qu'ils font.

Le vin, un enjeu religieux

L'apparition de dieux
transcendants change la
nature de la relation entre la

divinité, l'homme et le vin. Pourtant, les mêmes
composantes sont à l'œuvre : maîtrise technique,
ambivalence du produit entre la promesse
paradisiaque et la malédiction apportée par l'excès
de sa consommation, nécessité du truchement
divin. Le Livre des Nombres insiste ainsi sur
l'importance de la taille, Isaïe en précise les saisons
– taille florale au printemps, sèche en hiver – et
conseille de faire garder la vigne contre les voleurs,
toutes opérations ayant pour but de discipliner
la plante, comme on le fait avec une chevelure.
Au besoin, on aura recours aux voisins, thème
repris par l'évangéliste Marc dans la parabole
des « ouvriers de la dernière heure ».

Quant à la trilogie banquet-plaisir-don, qui
envahit les textes sacrés, elle se résumerait en
un mot : émerveillement. Celui des Israélites devant
la taille des grappes au pays de Canaan, celui
des convives de Cana invités à la noce, incrédules
devant un dernier vin surpassant tous les autres, ou
celui des lecteurs du Coran pour qui, dans le Jardin

À la différence par
exemple de l'Espagne
où la vigne est
rampante, l'espèce
italienne porte des
hautes tiges qu'on
maintient par des
échalas réunis entre
eux par le haut au
moyen de traverses ou
de cordes (ci-dessus).
En général, les ceps
sont plantés par groupe
de trois au pied d'un
peuplier (à cause de son
feuillage peu touffu) ou
espacés de six mètres.
Le travail se spécialise :
on voit ici des
putatores chargés de
tailler la vigne, tandis
que les *alligatores* lient
les échalas, fabriqués
en roseau ou en olivier,
à la vigne.

promis, couleront « des fleuves de vin, délices pour ceux qui en boivent » (XVIII,15). Toutefois, l'espérance messianique des religions du Livre ne repose plus sur les lois de la cité, ni sur la volonté humaine ; elle tient à l'observance de la Loi, au contrôle unique du dieu sur le « vrai » vin. Celui-ci a quitté la vie quotidienne pour gagner le Royaume et devenir la boisson des immortels.

Commerce et conquête

Entre les gens du Livre qui croient à l'immortalité et les autres qui espèrent la survie dans l'au-delà, la différence ne compte guère dès lors qu'il s'agit de se procurer du vin. Et dans des quantités considérables si l'on en croit les sources latines : Marc Antoine était notamment réputé pour avaler d'un trait deux conges de vin (6,5 litres) et ne fut surpassé, sous Tibère, que par le consul Novellius Torquatus, surnommé « Triconge » ! En Méditerranée bien sûr, mais autant sur les routes continentales à dos de mulets, jarres, outres, amphores, cuves et cratères voyagent.

Boire couché est le privilège des rois orientaux qui étalent ainsi leur aisance de maître puisqu'ils peuvent s'allonger où bon leur semble dans leur royaume, qui est chez eux. L'habitude se transporte en Grèce, vers le VIIe siècle av. J.-C., dans l'aristocratie urbaine. En sont exclus les femmes et les enfants. Elle gagne l'Italie un siècle plus tard, d'abord dans la représentation des dieux puis, vers 150 av. J.-C., les patriciens s'allongent. Ce n'est qu'avec l'Empire que la femme peut les imiter, à condition de garder « un air réservé ».

Autour des VIᵉ et Vᵉ siècles av. J.-C., les Étrusques approvisionnent ainsi la Bourgogne, le Rhin moyen et le haut Danube. Le marché est si florissant qu'il incite ultérieurement les Grecs à coloniser les abords de la Méditerranée occidentale. Les Romains perfectionnent ce « commerce avec l'ennemi gaulois », d'abord parce qu'il permet à l'État d'encaisser des taxes considérables (6 deniers par amphore) ensuite parce qu'il laisse des profits gigantesques. C'est pourquoi il est interdit de planter la vigne dans les terres conquises par les Romains, de même que d'importer du vin dans la péninsule. Ce protectionnisme commercial s'accompagne d'une politique agressive d'exportations, César envisageant de contourner le val d'Aoste par le Grand Saint-Bernard pour approvisionner directement le marché suisse, puis les Séquanes.

Au besoin, le commerce sert de prétexte aux entreprises stratégiques. En expliquant que les Belges nerviens et les Suèves germains refusent les importations de vin, César trouve un motif moral à sa conquête : leur férocité au combat tiendrait à leur refus du vin émollient ; les dominer et les

Une fois le pressurage effectué, il reste aux Anciens à traiter le vin pour assurer sa conservation. En règle générale, on utilise du moût, chauffé dans des bassines en plomb et aromatisé au coing ou à l'iris. Contrairement à une légende tenace, bien dosée (environ 15 grammes pour 100 litres), cette préparation n'altère pas le vin mais permet aux meilleurs de tenir jusqu'à trois ou cinq ans. En revanche, l'ajout de marbre ou de plâtre, à des fins prophylactiques et pour faciliter le collage du vin, en modifie l'acidité et donc le goût.

❝Le peuple joyeux des travailleurs et les paysans empressés s'activent tantôt au sommet, tantôt sur les pentes, rivalisant de cris bruyants. Le batelier qui navigue sur le fleuve [ci-contre, des marins gaulois halant des tonneaux qui remplacent les amphores au IIᵉ siècle apr. J.-C.] lance des railleries aux vignerons.❞

Ausone, *À la Moselle*

accoutumer au vin contribuerait à leur asservissement; enfin leur défaite marquerait la victoire du vin civilisateur. Le thème de l'austère sobriété des barbares relève de la propagande contre la puissance bestiale de l'adversaire. De ce point de vue, la guerre des Gaules est aussi une guerre du vin.

Malaise dans la civilisation du vin

Après deux siècles de conquêtes, Rome a installé une sorte de marché unique du vin sous son contrôle : en 92, l'édit de Domitien impose des quotas généralisés de production en ordonnant l'arrachage de la moitié des pieds dans les provinces de l'empire et en prohibant la plantation de nouvelles vignes en Italie. En pratique, cet édit eut des effets bénéfiques sur la qualité du vin puisqu'il incitait à la sélection des cépages – notamment l'*aminea* et le *biturica* bordelais – ainsi qu'à un perfectionnement des méthodes de fermentation, par exemple en plongeant les amphores dans l'eau froide pour retarder le processus. De plus, les dispositions prohibitionnistes furent contournées : en témoigne la naissance du

Le stockage dans les amphores intervient tardivement. Après la vendange et la fermentation, en général d'un mois, on place le vin dans des jarres en terre hautes de deux mètres. On attend mars avant de le soutirer en le transvasant à la louche dans des amphores.

vignoble de Côte-d'Or, vers 230, sous le prétexte que les terres plantées étaient italiennes puisqu'elles appartenaient à des citoyens romains.

À compter du IVe siècle, la pression barbare sur la frontière rhénane eut les mêmes effets bénéfiques avant que la ruine de l'empire changeât la donne. La menace entraîna un déplacement du pouvoir impérial vers des capitales militaires – Cologne et Trèves –, au profit donc du vignoble mosellan, livrant des vins moins chers et d'approvisionnement sûr. La prospérité agricole qui en résulta fut respectée par les Alamans lorsqu'ils pillèrent Trèves à quatre reprises entre 400 et 437 : ils visitèrent les celliers mais maintinrent, au besoin de force, les vignerons à leur tâche.

En revanche, la désorganisation économique consécutive à la dislocation impériale précipita, cinquante ans plus tard, ce que les razzias barbares n'avaient pas achevé. Saint Prosper d'Aquitaine précise qu'« il ne reste nulle trace des vignes », affirmation inexacte (le Bordelais, la Seine, l'Auvergne au moins subsistent) mais à efficacité propagandiste : les coupables de ce désastre sont moins les barbares que les empereurs incapables, moins la cupidité de l'Est que des élites corrompues, « imbibées de vin », plus impies que les païens proclamés. Dans un monde viticole désormais cloisonné, l'heure des moines allait sonner.

Dans le commerce des vins, on distingue tonneaux, queues (la moitié) et barriques ou poinçons (le quart du tonneau). Les tonneaux ont été mis au point par les Allobroges (Suisse) puis utilisés par les Gallo-Romains, vraisemblablement dans le premier tiers du IIe siècle. Mais à chaque région son contenant : le tonneau de Gascogne contient 860 litres, celui de Bourgogne ou « de France » 775, celui d'Anjou 490. En règle générale, la queue (ou pipe) est la plus utilisée dans le commerce intérieur, surtout par voie d'eau comme pour le vin mosellan (ci-dessous).

La renaissance dans les cloîtres

Les envahisseurs du Ve au IXe siècle ne ressemblent guère aux Germains de Tacite qui déplorait leur goût pour l'orge. L'*Histoire des Francs* de Grégoire de Tours est parsemée d'empoisonnements par le vin, de siestes fatales sous l'emprise du breuvage. Cette uniformisation alimentaire, consacrée par Charlemagne dans son nouveau calendrier où octobre est le « mois des vendanges », ne résolvait pas le problème de la production et de la commercialisation. Le succès du monachisme bénédictin y contribua : la règle de saint Benoît, installant le vin en boisson supérieure aux autres (on communie sous les deux espèces) et permettant aux moines de boire une ration quotidienne, a précipité la plantation de vignes dans chaque abbaye ; la protection des seigneurs leur valut

Le bon vin est longtemps blanc (ci-dessus), et « clair comme larme à l'œil ». L'Aunis et Auxerre s'en font une réputation, compromise par les guerres du XIVe siècle. Le rouge s'impose avec réticence : les moines goûteurs du *Tacuinum sanitatis* (pages suivantes) vérifient sa couleur vermeil et son éventuel coupage à l'eau qui donne le vin clairet, ou *claret* en anglais.

d'augmenter leurs exploitations (en 867, Saint-Martin de Tours obtient du roi Charles le Chauve des terres à Chablis); enfin la qualité de leur travail fait du vin des moines un succès commercial – le chablis est, au IXe siècle, le seul bourgogne consommé à Paris.

L'exemple bénédictin est suivi par les marchands et les seigneurs fortunés car l'investissement viticole est lourd, son rendement différé à plusieurs années et interrompu par les aléas climatiques ou les pillages. Au IXe siècle cependant, les marchands frisons vendent de nouveau du vin de Moselle et d'Alsace; au Xe siècle, les crus de Tonnerre et d'Auxerre sont proposés à Paris, tandis que les Flamands viennent acheter le vin de La Rochelle. La réussite bénédictine inspire également les Cisterciens, à partir du XIIe siècle; en deux siècles, ils exploitent des vignes à Beaune, Volnay, Pommard, Vosnes ou encore Vougeot. C'est là qu'ils entreprennent d'élaborer un vin supérieur à ceux de tous les crus bénédictins, grâce à une étude des « climats » typiques à chaque parcelle, à l'origine de la vinification séparée et donc d'une qualité constante de vin.

La revanche du vin

Les croisades parachevèrent l'emprise ecclésiastique sur les vignobles, grâce aux legs anticipés en terres à vin par les chevaliers sur le départ. Au XIIIe siècle, les vignobles bénédictins et cisterciens devaient occuper plus de cent mille hectares. En bonne logique commerciale, le vin reçut la consécration médicale et alimentaire puisque les hôpitaux étaient du ressort religieux et que les moines écrivaient des traités diététiques. Sur le modèle du tableau inventé au XIIe siècle par Aldebrandin de Sienne, il fut établi que le vin fortifiait le corps en raison de sa nature chaude, qu'il facilitait la digestion – obsession des médecins du temps – et qu'il dissipait les angoisses. L'usage, les quantités

La réputation du vinage, vin passé au contact des reliques et réputé guérisseur, est telle que les Bénédictins s'en font une spécialité, quitte à l'essayer d'abord sur eux-mêmes.

Le vin est utilisé dans un tiers environ des médications recommandées, notamment en vin chaud. Remède contre les vers, contre les maux de gorge (avec des excréments de chien réduits en poudre), il est aussi recommandé aux blessés qui ont besoin de se « refaire du sang ». En revanche, il est déconseillé chez les femmes jeunes, supposées de nature chaude et humide comme le vin lui-même. Le breuvage le plus efficace est le rouge doux qui « débouche la rate, le foie et les intestins ». À droite, un folio d'un « traité médical » italien du XIVe siècle.

hus oniby. Gypsata vina accepta contin
nerui sunt caput girouant et totum craps
simili. calida sunt velice et virula venenoso
omnibus contraria sut.

++

inum catarhaum conhatur sic
ellcorum nigru rouagrosu. v
reo supponatur radiabus mense
marcio cum sucus terre vitem aggredi
ut spus simul cum suco vitis accipiat na
vinu exterius vitis expnicitur cataracte vir
tutis est. vitee acceptum ventrem purgat
et abortivum fiant.

++

inum abortivum conhac sic ai
pites plantas recipe. vine ele
borum nigru. aut cucumeris a
mari. aut samenca. vt virtutem spiru he
at mse vitis. na fuat vinum catarhaum
vn aati viu accept et tempan abortiuum
fiacunt.

+

inum vitis agrestis nigri e. vir
tutem he siptica. vtilee advirunu
a siunum ventris et stomach . eonibi
siptica et scalidas medicinibz vtile adhibes

inum absintibi conhac sic ii xx
sextarios vini mitte libr i ablin
thy vrefue. En. post dies de
cem liqua espime. virtus illi astomacu
epauas veteris medicat vefervas di
gestionem tempet fastrou tollit dolores
stomaci coplat. tensuri vronoriori solut
inflacibus stomach oppillar. lubricus votu
tos veide verdurit mestruis inpariat ve

inum ad catarrum. et ad tussim
ad stlaccam confescens stomachi
dolorem. accipe murre papis albi
am. obol. ii. vtrees. aneti an. iii. ihes ona
timsa ui heolo ligu. mutte in ss. vi. vini
post trduu liqua. vefume in ass sic
vtere vando. post ambilaceus aatum
prstea reparatu da.

inum ad sanum virtute he. vt
vinum onhatuu mauo similem
conhac sic. villud accipe musk ur
tios tecen raque timai. coque lento igne
quam diu aqua ipa fumatur. vefume in
vase piceato. ut ista no sic obcumt. aque ma
rime ptan vna mittentes. itaque celesti
ppace vna mellus imuth singulas pte
he omnia in vino mista in vase residit
vdimittuet diebus vib. insole. post hec v
vtimtiur vitro post annu. virtute he fiant
vini offortuu.

inum albanu fortius e fallerno.
gustu subtilee. ventri et stomachu
mflans. vatem mollit. vigrilaco.
est inutile. venerus omnibus fium. mar
empin. q: cum muerneuerit. austerum et
valde efficitur.

inum asaru sic conhac. assari
timsa. ix. musti wallas vij
mulee sume conhac. vproviati et
veterias medicatur vssuue et secatuas et
epauas prestat essem.

et les crus étaient même précisés pour chaque âge et par sexe. Moyennant quoi on était autorisé à en boire jusqu'à cinq litres par jour aux hospices de Beaune alors que l'ordinaire médical prescrivait soixante-quinze centilitres.

On comprend que les seigneurs aient tenté de conserver ou de récupérer des terres devenues si rentables, notamment en recrutant des journaliers, en obligeant les paysans-viticulteurs à recourir au pressoir seigneurial contre redevance et surtout en se réservant la première commercialisation – le banvin –, moyen de contrôler le marché et d'éviter les stocks. Pour ces multiples raisons, le vin s'imposa comme boisson populaire au tournant du XIVᵉ siècle, ce qui précipita l'intervention de l'État par le biais d'une taxe sur les boissons.

En cette apogée médiévale, il ne manque même pas au vin la consécration théologique, par le biais de Thomas d'Aquin. Le vin est pour lui cause de joie chaleureuse, il faut le goûter avec modération mais sans cesse parce qu'on atteint grâce à lui à une ivresse délectable, celle du sacré : « le vin réconforte, le sang du Christ assure la rédemption ». C'est pourquoi la substance du vin n'est pas abolie mais « convertie » en sang du Christ pendant la messe. L'ordre religieux du monde repose sur le vin.

Le vin est métaphore : il est le sang du Christ (ci-dessus, le pressoir mystique de la bible de Philippe le Hardi, duc de Bourgogne). Dans l'imagerie médiévale, le vin entraîne l'homme à pécher (ivresse de Noé ou de Loth) ou annonce l'espérance du salut. En général sont représentés les travaux de la vigne (vendange, pressurage) ou les contenants, rarement le vin, sauf s'il s'agit de dénoncer l'impiété du buveur.

Le paradis bâti sur l'enfer

Le rebond du XIIIᵉ siècle est souvent présenté comme la chance de la Bourgogne ; en fait, celle-ci assied sa suprématie au XIVᵉ siècle sur une succession de malheurs. Il y eut d'abord les effets de la Peste noire de 1348 sur la répartition des propriétés, avec le triplement du nombre d'échoirs, terres sans héritier revenant au duc ; ensuite, dès 1349, une hausse séculaire des salaires due à la raréfaction des hommes, tandis que la rente du sol se mit à chuter ; enfin, en 1361, la mort du dernier duc de Bourgogne capétien, due aussi à la peste, entraîna l'arrivée d'un Valois, Philippe le Hardi, second fils du roi Jean le Bon et pour cette raison soucieux de se constituer un « royaume » et une cour concurrents, en commençant par épouser Marguerite de Flandres qui lui apportait Bruges. Le duc exigeait des cépages nobles (pinot) et pourchassait le gamay trop généreux. Or, les circonstances humaines et financières favorisaient le dessaisissement ducal au profit des roturiers qui profitaient d'une épargne nouvelle pour acheter à crédit grâce aux premiers négociants, remplaçant opportunément les banquiers italiens. Ces vignerons, soutenus par les Cisterciens, obtinrent de Philippe le Hardi des mesures protectionnistes sur le commerce et les nouvelles plantations (exactement dans l'esprit de l'édit de Domitien), en échange d'une promesse de qualité telle que « le vin rouge de Beaune [pût concurrencer] les meilleurs blancs du pape ». Ainsi naissent les grands crus.

❝[La femme] doit boire avec assez d'adresse pour ne pas en répandre de goutte sur elle [...] elle doit essuyer sa bouche ; au moins sur la lèvre supérieure [...] qu'elle boive par petites gorgées mais souvent, en faisant couler délicatement le liquide.❞

Jean de Meung,
Roman de la Rose

« Il y avait là le vin du monde entier… » et d'abord celui d'Italie. Pour Francis Bacon, à Londres, le rêve italien niche aussi dans les verres. Tout a changé, hormis les pratiques commerciales : les volumes, le nombre des acheteurs, leur désir d'aller à Pise plutôt qu'à Dijon, le succès des produits sous contrôle militaire (Chypre, Malte) ou élaborés par les Italiens. On parle désormais de moyens financiers ou de style viticole. Or, dans ce registre, nul ne peut rivaliser avec la péninsule.

CHAPITRE 3

LE VIN ET SON STYLE

Avec deux cent cinquante à trois cents litres consommés chaque année dans une maison bourgeoise, l'Italie renaissante mérite son surnom d'Œnotria – terre du vin. Des confins vénitiens (à gauche) aux bonnes caves européennes (ci-contre), les parfums et le degré de ses vins font l'unanimité.

Les raisins de la peur

La reconquête italienne s'opère paradoxalement à la faveur de deux fléaux : la peste et la guerre. La grande épidémie de 1348 a ravagé le continent, raréfiant la main-d'œuvre, compromettant les vendanges, faute que les travaux saisonniers soient effectués à la bonne date, limitant les échanges. Il en est résulté une hausse du coût de la main-d'œuvre, notamment en Bourgogne et en Moselle, d'environ 40 % par décennie pendant un long demi-siècle. Compte tenu du retour périodique de la peste, l'écoulement des productions devient la première préoccupation, ce qui conduit à des guerres de représailles avec leur cortège de quotas, d'interdiction temporaire des achats hors la ville (ainsi en 1393 à Dijon) et la taxation (un tiers de hausse jusqu'en 1400). Du vin de qualité plus aléatoire, plus cher à produire, voilà qui incita les propriétaires à privilégier la quantité

avec, pour conséquence, une chute supplémentaire des commandes : en Bourgogne, la folie du gamay prit de telles proportions qu'à deux reprises, en 1395 et en 1441, le duc édicta des ordonnances prohibant « le très mauvais et très déloyal plant nommez Gaamez » ou encore « ces vins petits et chétifs », « méchants pour les boyaux » et « peu prisés des marchans estrangiers ».

À cela s'ajouta le poids des guerres entre factions (Armagnacs et Bourguignons, guerre des Deux-Roses anglaises), des conflits internationaux qui provoquèrent d'abord le départ des banquiers lombards en 1390 puis celui de la papauté d'Avignon et enfin une crise généralisée de numéraire. Or, même si l'Italie subit ces deux fléaux, elle en retira

Le vin est censé donner du courage avant la bataille, restaurer les forces des soldats après celle-ci, c'est pourquoi de longs convois accompagnent les armées régulières. Au surplus, comme leurs prédécesseurs antiques, les troupes victorieuses emportent les tonneaux des vaincus : après la victoire de Bouvines sur les Allemands, le roi Philippe Auguste aurait ainsi fait convoyer un kilomètre de chariots remplis de vins du Rhin, si bien que les chevaliers en auraient distribué à la piétaille pendant tout le trajet du retour triomphal à Paris.

quelques avantages notables. Les croisades permirent ainsi aux Vénitiens de s'assurer le monopole des vins de Méditerranée orientale, aux dépens notamment des Templiers puis des Hospitaliers, et d'étendre la superficie de vignoble planté. Leurs galères contrôlèrent bientôt les livraisons pour Lisbonne, Londres ou Bruges, monopole complété à partir de 1400 par l'itinéraire des cols alpins à destination de l'Europe centrale, *via* le Rhin ou le Danube, ce qui leur permit de supplanter les grands bourgognes.

La saveur de l'Antique

Il restait à donner le goût de l'Italie. Or, au XVᵉ siècle, la curiosité intellectuelle pour l'Antiquité offrit au vin la chance d'une « seconde naissance » par les livres. Les oligarchies urbaines, Médicis et Sforza en tête, découvrirent les traités de Caton (*De Agricultura*), de Varron et surtout de l'agronome Columelle. Acheter ces manuscrits marquait l'opulence puisqu'ils coûtaient chacun le prix d'un bon cheval, les faire déchiffrer relevait de la devinette culturelle mais incitait chaque famille à se proclamer héritière du meilleur cépage du monde puisqu'il venait des Romains et que ceux-ci étaient consacrés pères de la distinction. Ainsi, personne ne savait à quelles vignes Pline faisait allusion lorsqu'il parlait des « treilles dont le bois

En ces temps d'insécurité et malgré les pirates, la voie d'eau est la plus sûre. Pourtant, comme à Anvers (ci-dessus), les vendeurs accompagnent souvent les fûts afin de surveiller le débarquement opéré parfois par des grues ou roues à écureuils – sortes de moulins à énergie humaine. Ils font aussi vérifier et réparer les tonneaux avant de recevoir paiement à livraison.

est rouge », si bien que les Milanais pariaient sur leur *barrolo*, les Vénitiens sur le muscat rouge de Madère, les Napolitains sur le *minnolettina* de l'île Lipari (Éoliennes).

La rivalité culturelle se doubla d'une concurrence commerciale lorsque les Toscans, à partir du principat des Médicis, puis les Vénitiens, eurent l'idée d'un troc « soldé », vin contre laine, qui leur permit ensuite d'imposer leurs prix (en les multipliant par trois), puisqu'ils avaient réussi à donner l'habitude luxueuse de leurs produits. La Toscane et ses marches ombriennes (Colli Perugini ou Martani) et romaines (autour d'Orvieto et d'Orte) furent donc considérées comme le conservatoire quasi miraculeux de la tradition étrusque-latine, avec leurs vingt-deux cépages recensés dont le célèbre *sangioveto*.

La guerre des goûts

Prétendre réinventer le vin est une chose, encore faut-il en convaincre ses clients. D'où l'intérêt accordé, par les princes et les propriétaires, aux académies viticoles comme celle fondée en 1540 à Florence par Antonio Grazzini qui prit le nom

La vigne mobilise l'homme toute l'année, à l'exception du mois de novembre. Les vendanges et le foulage (ci-dessus) se déroulent en octobre en Italie où l'on pratique la surmaturation des raisins ; la taille commence pendant le sommeil de la vigne (janvier-février) et se prolonge par les « façons » pour travailler la terre (binage, fousserage) ou la plante elle-même (greffe, taille).

Double page suivante, au palais Schifanoia de Ferrare, une série de fresques de Francesco del Cossa, vers 1470, illustre les travaux des mois ; ici mars et la taille de la vigne.

évocateur « des Humides ». Dans ces réunions, on se battait pour trouver le mot exact qualifiant la forme d'un grain de raisin : le muscat, si cher aux empereurs romains, ressemblait-il à la *testa di vacca* ou à un cornichon ? Dans le premier cas, Venise raflait les ducats ; dans le second, c'était Florence puisque le cornichon correspondait à l'appellation parisienne et que les banquiers florentins étaient les premiers acheteurs sur le marché français du muscat. Les querelles étaient si vives qu'on vit les Antinori et les Frescobaldi provoquer la scission de l'académie des Humides, au prétexte d'une perfection stylistique à atteindre, en fait pour contrôler un excellent outil « publicitaire », précieux pour leurs banques et leurs vignes.

Descendant en ligne directe de Laurent le Magnifique et du pape Léon X, Ferdinand Ier de Toscane (ci-dessous, lors de ses noces avec Christine de Lorraine en 1589) utilisa la table comme moyen de gouvernement. On retrouve la mise en scène politique sur fond de célébration culturelle de Florence, procédé importé de Venise et de Vérone. La coupe de vin scelle l'alliance contre la maison de Savoie.

Mais quel est le goût de cette élite du palais ? Il se partage, au fond logiquement, selon des clivages qui séparent, en peinture par exemple, les tenants du dessin (les Toscans) et les coloristes à la mode vénitienne ou, en littérature, les thuriféraires exclusifs des Anciens et les apôtres des Modernes de la Renaissance. Les uns vantant la qualité des raisins confits, les autres des grains rôtis sur des claies et pressés deux mois plus tard, on célèbre en Toscane les vins « qui sentent l'abeille » et en Campanie ceux à qui le goudron donne un « nez de zibeline », la fourrure des princes et des papes.

Un parfum en revanche fait l'unanimité : la violette. Les dignitaires de l'Église affectionnent celui du lacryma-christi obtenu sur les pentes du Vésuve avec le cépage *publiere rosa* et son muscat ; Français et Britanniques prisent, eux, l'assemblage *mammolo*, *cannaiolo* et *sangioveto* des Toscans. Paul III Farnèse, pape de 1534 à 1549, résumait l'enjeu de ces controverses en expliquant les raisons de sa prédilection pour l'*aleatico* toscan : « Le vin du pape est bu dans toute la chrétienté. »

Au chic italien

La vogue de la malvoisie et des muscats concernait une élite européenne encline à assimiler les plaisirs du vin à un symbole de la culture renaissante. Le prix exorbitant des tonneaux – au moins trois fois celui des bordeaux, durant le XVIᵉ siècle –, les difficultés de transport et de conservation – un cinq ans d'âge était une rareté –, le petit nombre de tavernes autorisées à vendre du vin au détail – 1 % à Londres comme à Lyon –, bref tout ce qui concourait à la distinction du rang, par la sélection financière puis par l'imitation sociale, rassurait aristocrates d'épée, de robe ou de chasuble.

Moscatello, San Severino, Alba, Marino… la cave idéale des amateurs du XVIIe siècle (page de gauche).

Pour les mêmes raisons, ceux-ci prirent goût aux verres à pied, que l'on savait tourner depuis trois siècles, qu'on fabriquait excellemment en Bohême mais que l'estampillage et le style vénitiens imposèrent. Il convient de voir ce que l'on va boire, traduction des principes qui guident un Giulio Romano au palais du Tê ou le Rosso Fiorentino dans la galerie de Fontainebleau. Dans cet esprit, la bouteille n'est plus un simple récipient destiné au transvasement du tonneau ; on la veut pratique avec un long goulot pour la tenir d'une main à la façon hollandaise, ou décorative sur le modèle des carafes irisées. La synthèse de ces exigences donne la fiasque italienne, dans son clissage d'osier puis de paille, parfois gravée, d'une relative mais étonnante solidité pour l'époque, si bien que les cavaliers en font leur « flacon de selle ».

Jusqu'à la Révolution, les bouteilles ont la forme de carafes, fragiles (d'où leur clissage, ci-dessus), instables en raison de leur fond plat et peu hermétiques (le bouchon est ici fait d'un morceau de lin huilé). La bouteille moderne s'impose lorsque l'on découvre que le vin couché dans ce récipient s'améliore en vieillissant. Quant au bouchon de liège, il ne convainc qu'autour de 1830 car il était réputé donner mauvais goût au vin.

La relève anglaise

Entre la mort de Laurent
de Médicis (1492) et la prise
de Chypre, grenier à vin
de Venise, par les Ottomans
(1572), l'Italie connaît
un siècle de fer : Florence
entre en crise politique
et économique, Venise est
obnubilée par la reconquête
turque, Naples ploie sous la
férule espagnole et Rome se
trouve sur la défensive devant
l'affirmation d'un hygiénisme
alimentaire puritain. Le goût
italien perd les moyens de
s'imposer, en même temps
qu'il se voit concurrencé.
Ainsi, le retour en vogue de
la bière correspond à un vaste

mouvement d'alcoolisation urbaine, marqué par
un breuvage bon marché dont la saveur amère
et houblonnée venue de Hollande s'impose contre
la bière sucrée anglaise ou les blancs italiens.
La « houblonnisation » de l'Europe est si rapide que
les ordonnances royales sur l'ivresse – François Ier
(1536) et Henri III (1579) – restent lettre morte ; les
citadins ne pensent qu'à « s'arroser le gosier » avec
des « beuvettes numéreuses », au besoin en coupant
d'eau-de-vie le vin, à la manière hollandaise, afin de
prolonger la durée de consommation des barriques.

   Les boissons communes d'un côté – bière, gin,
vins blancs, clairets –, les manies exotiques de l'autre
– café, thé ou chocolat – modifient l'intérêt
aristocratique pour le bon vin. Le temps des
marchands succède à celui des producteurs.
En France, la vente en direct et sans but lucratif
de la vendange seigneuriale s'interrompt au profit
d'une mise en fermage ; en Angleterre, les négociants
lancent la mode du « vin noir » de Cahors puis de
Bordeaux, à cuvaison longue, alcoolisé et tannique.
En bonne logique sociale, les bouteilles à fond évidé,

Le triomphe de la bière
houblonnée sur la
cervoise marque un
succès des princes sur
les moines. Vers 1350-
1400, ceux-ci baissent
les taxes sur le houblon
et la bière brassée en
ville pour concurrencer
la cervoise aromatisée
des monastères ;
à l'exemple de Jean
sans Peur, fondateur
de l'ordre du Houblon,
ils affectent d'en boire
et lancent la mode. À
Hambourg, on compte
cinq cent dix brasseries,
puis près de sept cents
vers 1600, produisant
environ un million
d'hectolitres par an.
Succès généralisé
dû au rôle alimentaire
de la bière et aux
nouvelles préférences
gustatives pour l'amer
aux dépens du sucré.

à col renforcé et à goulot bagué pour le bouchage au lin, au cuir ou à l'émeri, mises au point par l'Anglais Digby autour de 1650, deviennent le réceptacle onéreux (15 livres le cent) d'un produit rare. À cette date, Londres domine un triangle commercial viticole qui s'étend de Bordeaux à Amsterdam en passant par Paris, si bien qu'on y « boit en une année plus de vin que dans l'Italie tout entière en cinq ».

La distinction par le vin

Les Hollandais tiennent le marché et les Anglais le consomment. Les Bordelais entreprennent donc de concurrencer les premiers – d'abord en imitant leurs techniques, puis en les perfectionnant – et d'offrir aux seconds des vins qui s'harmoniseraient avec une sociabilité plus raffinée, conséquence de l'influence des manières de Versailles, succédant à l'ivrognerie réputée de la noblesse. Des Hollandais, ils retiennent les pratiques d'assèchement des marais pour étendre la superficie cultivée.

Le pot en terre reste le récipient coutumier du vin jusqu'au début du XIXᵉ siècle. En Europe méditerranéenne (ci-dessous), le cruchon est simplement en terre glaise, glacée au sable pendant la cuisson. Dans les pays rhénans, il devient gris après adjonction de sel. Sa contenance unique (60 centilitres) et sa forme ventrue lui ont valu de multiples surnoms raillant l'œnophilie du clergé, l'ivrognerie des prévôts puis des receveurs fiscaux : « Le gros ventre de Bourgueil tape sur la cocarde des gabelous » (XIXᵉ siècle).

Leurs maîtres de chai allongent la durée de la
fermentation – jadis de vingt-quatre heures. Ils
apprennent à faire vieillir le jus dans des tonneaux
de chêne neuf, acheminés depuis Lübeck voire Riga,
de contenance trois fois supérieure aux cinquante
hectolitres habituels et soutirés trimestriellement
de leurs impuretés en même temps qu'on introduit
une mèche soufrée pour aseptiser le vin. De la sorte,
le cabernet sauvignon libère en deux ans environ
son potentiel aromatique, les tannins se fondent
au bois et on peut alors coller le bordeaux avec
une douzaine de blancs d'œufs battus en neige,
gage d'équilibre pour le breuvage.

Aux Anglais, les Bordelais proposent de lancer
une mode et de réaliser de juteux placements. En
sortant son vin des tavernes pour le commercialiser
dans une boutique de luxe, la New Eating House,
le président de Pontac joue, dès 1666, sur l'effet
de snobisme du lieu, de sa clientèle. Le nectar qui y
est servi, forcément « supérieur au vin des vignobles
les plus proches » est vendu trois fois plus cher.
En un sens, les terroirs sont nés à Londres. Dès lors
que l'importance accordée au choix du vin devient
comparable à celle du choix des consommateurs,

l'investissement à long terme sur un produit de luxe se justifie. À preuve, un siècle plus tard, la maison Christie's met pour la première fois un vin aux enchères : un Margaux de 1771.

Bordeaux, capitale du vin

Les négociants anglais partent à la conquête des châteaux. Ainsi se constitue une communauté, souvent liée par une même appartenance religieuse, connaissant les acheteurs, fréquemment de leur parenté.

L'Irlandais Thomas Barton ou Charles de Luze, le descendant d'une famille huguenote ayant quitté la France après la révocation de l'édit de Nantes en 1685, forment avec les Guestier, Lawton puis les Eschenauer, Schyler ou Kressman le premier noyau des Chartrons. Ceux-ci s'installent sur des terres ayant appartenu aux Chartreux (d'où le nom), au bord de la Gironde, où ils disposent d'espaces pour construire hôtels, chais et quais d'embarquement des précieuses barriques vers l'Europe du Nord.

« Un tonneau du meilleur vin de Bordeaux, c'est-à-dire de Médoc ou de Pontac, vaut 80 à 100 couronnes. De cela, les Anglais doivent remercier leur propre folie. » Arrivé le 14 mai 1677 en vue de Haut-Brion, le philosophe anglais John Locke était venu chercher sur place les causes de cet engouement, en mélangeant d'ailleurs terroir et propriétaire, Médoc et Graves. Un demi-siècle plus tard, les Britanniques contrôlent le marché des grands crus bordelais : l'Irlandais Thomas Barton, dit « French Tom » (ci-dessus), est le principal acheteur et ses héritiers s'installent au château Langoa. Autour de lui, une quinzaine de Chartrons compatriotes, dont les frères Clarke (en haut, à gauche), huit Allemands et trois Français.

Cette rationalisation produit à son tour des effets d'entraînement. À Bordeaux même, où les « princes des vignes » se lancent dans une course à la mer, vers Margaux, Pauillac et Saint-Estèphe, le Médoc étant « couvert de vignes » autour de 1750. À Versailles ensuite, quand la noblesse bordelaise applique le « schéma » londonien à la cour avec le succès de Margaux, Lafite ou Latour, promus dans la capitale parce que le rendement des vignes est limité à seize hectolitres à l'hectare et qu'ainsi Nicolas de Ségur peut vanter la « concentration » (déjà !) de son lafite. En Europe enfin, où les poètes des Lumières allemandes célèbrent les mérites du bordeaux par des « chants [qui] furent les premiers, en Allemagne, à pouvoir se comparer à ceux des Français ».

Le champagne, apothéose de la distinction

« Vin clair, frémillant, fort, fin, frais, sur la langue friand, doux et plaisant à avaler », le vin de Champagne est jugé digne de la table royale dès le sacre de Philippe VI de Valois en 1328. C'est cependant encore une fois l'Angleterre qui est à l'origine de sa fortune : d'abord par la technique du bouchage au liège, empruntée aux Espagnols vers 1640 et permettant de résister à une pression de cinq kilos au centimètre carré ; ensuite par le goût aristocratique pour les *sparkling wines* – notamment d'Italie, tel le lambrusco – obtenus par addition de sucre et d'épices ; enfin parce que le vin de Champagne se vend dès 1670-1680 aussi cher que le fameux Haut-Brion de Bordeaux.

Les vignerons champenois ont donc accentué les traits génériques de leur vin blanc, sans recourir aux additifs mais en tirant parti de leur terroir par assemblage des raisins, mélangés ensuite dans

Dom Pierre Pérignon fut cellérier à l'abbaye de Hautvillers près d'Épernay, de 1668 à 1715, soit la durée approximative du règne personnel de Louis XIV. Fin observateur de la nature, il fut l'un de ces abbés naturalistes du XVIIᵉ siècle. De dom Pérignon, on a retenu le soin qu'il faut apporter à la moindre parcelle, la construction de pressoirs adaptés et surtout le travail en caves profondes : la délicate élaboration du vin blanc à partir de raisins noirs, la pratique des assemblages, le transfert de la première fermentation en barrique dans de solides bouteilles scellées de bouchons de chêne-liège, et le dégorgement, c'est-à-dire l'expulsion de la lie déposée dans le col de la bouteille, « mise sur pointe » après fermentation. Ce génie eut le mérite de rassembler des techniques éparses sur un terroir planté de cépages qui avaient eu le temps de s'adapter au climat. Et aussi le talent commercial de faire passer le « vin du sacre » à la table de l'aristocratie anglaise, au sommet de sa prospérité économique au temps de la reine Anne. Après sa mort, le rayonnement de ses méthodes fut assuré par le livre (ci-contre, une édition de 1718).

le pressoir. De la sorte, le vin, une fois vinifié
et mis en cave, la fermentation s'interrompt car
la température hivernale tombe au-dessous de 6 ou
7 °C avant de reprendre au printemps sous l'action
du sucre et des levures résiduelles. Le « vin diable »,
produit d'un climat rude peu propice à la viticulture,
était inventé ; il restait à en faire un chef-d'œuvre
et à mériter le jugement de Voltaire : « De ce vin
frais, l'écume pétillante de nos Français est l'image
brillante. » Ce fut le talent de dom Pérignon.

À partir de 1720,
la flûte à champagne
donne à la table un
air de fête. Quand
l'amphitryon verse le
vin, ses hôtes suivent
l'impétuosité de
la mousse et ce que
Gaston Bachelard
appelait « la poétique
de la bulle » venant
éclater à la surface.

Le champagne ou la distinction à table. « Il n'est point au monde une boisson et plus noble et plus délicieuse, écrit l'auteur anonyme LSR dans *L'Art de bien traiter*, et c'est maintenant un vin si fort à la mode [...] que tous les autres ne passent presque que pour des vinasses ou des rebuts. » Triple distinction en fait, et d'abord par le langage : le savoir-vivre commande de dire « vin de Champagne » et pourtant, dès 1778, le mot seul est devenu synonyme de raffinement. Distinction de savoir-faire ensuite puisque le champagne résulte d'un processus (l'ajout de sucre qui déclenche une fermentation secondaire) propre à l'homme, ce qui l'élève au-dessus des vulgaires méthodes rurales où la nature du raisin fait son œuvre (vins de Die ou de Limoux). Distinction de savoir-boire enfin avec le sablage (ci-contre, à droite) lorsque le breuvage est jeté de la flûte dans le gosier à la régalade. Preuve de ce succès social, on compte déjà sept maisons de champagne à la veille de la Révolution : Chanoine, Forest-Fourneaux, Moët, Delamotte, Ruinart, Clicquot et Heidsieck.

Ils s'appelaient van Riebeck, MacArthur, van der Stel, Krug, Beringer, Haraszthy, Heitz, Martini ou Mondavi. Leurs noms évoquent des odyssées entreprises pour la passion de faire connaître et acheter les meilleurs vins. D'abord ceux de la vieille Europe dont ils étaient tous issus, puis ceux de leurs terres d'élection – de la Californie à l'Afrique du Sud – lorsqu'ils se firent producteurs. Les commerçants sont bien les grands prêtres du culte des vins.

CHAPITRE 4

LE TRIOMPHE DES COMMERÇANTS

❝Les plus excellents vins de Crane et de Coussi, D'Ay, Beaune, Avenay, Versenay et Issy, Les exquis muscadets, appelez vins de couche, Sont toujours reservez pour la friande bouche De ces bons financiers, qui n'espargnent nul pris Pour recouvrer ces vins délicats, pleins d'esprits.❞

Courval, sonnet, 1627

L'eau indispensable

Le commerce du vin repose sur la sécurité. Celle des chargements comme des livraisons, des entrepôts, de la qualité ou des délais d'approvisionnement. Déjà en 629, une ordonnance du roi Dagobert stipule que les « marchands dè l'eau » parisiens sont responsables du bon acheminement des vins du Midi. Cinq siècles plus tard, Louis VI confirme leur rôle en leur accordant de taxer 60 sols chaque bateau viticole. Enfin, sous Philippc Augustc, ces mêmes marchands obtiennent l'autorisation de construire un port de débarquement, de financer les travaux de ce « port de Grève » par une nouvelle taxe sur les flux de marchandises et enfin le droit d'acheter les « criages » de Paris, autrement dit la vente du vin à quai en distinguant deux zones, le port français et le port des vins étrangers, appelé couramment port de Bourgogne puisque le duché était le premier fournisseur de Paris.

L'organisation du port concrétise ainsi la maîtrise de l'espace. À la fois lieu donné et trouvé, « au meilleur débouché des fleuves de vin dans l'océan » selon le marquis de Pombal – rénovateur de Porto et de Lisbonne –, le port concentre en quelques hectares un produit aussi bien conservé qu'un trésor. Sa topographie se compare à celle des grands crus. Enfin la vie portuaire illustre ce que le romancier Henry Miller qualifiait de coexistence entre la saturation, l'entassement du réel et la remise en ordre intérieure que suppose le commerce rentable du vin.

Le port avant le vin

En 1372, le port de Bordeaux voit arriver « toutes d'une flotte, bien deux cents voiles et nefs de marchands qui allaient aux vins ». Le chroniqueur,

Jusqu'au XVe siècle, Paris est probablement la capitale du commerce viticole : « on en vend par jour 70 muids dont le roi a son quatrième, sauf le vin des escholiers, hôpitaux et couvents qui n'en payent pas ». Lorsque le vin arrive, notamment l'« exotique » (le vin étranger), deux sergents et le clerc de la Ville (ci-dessus) inventorient les barils, en déterminent le prix après afforage (page de droite, à gauche) et scellent de nouveau les bondes. Les transactions sont si nombreuses (ce que suggèrent les bateaux à l'arrière-plan) que le vin déchargé arrive parfois piqué, surtout en été.

Froissart, oublie de préciser l'exploit que représente
l'entrée des bateaux en pleine guerre de Cent Ans,
sous la forme d'un convoi protégé armé depuis
Bayonne. Le commerce portuaire du vin – de
Bayonne au Conquet et à Rouen – défie la guerre,
même si le prix du fret a été multiplié par trois.
En l'occurrence, les Anglais prendront aussi du vin
noir venu *via* le Tarn, la Dordogne ou la rivière
du Lot, afin d'obtenir les quantités voulues.

Selon le *Livre des
métiers* d'Étienne
Boileau, les crieurs
de vin sont les seuls à
disposer d'un statut et
donc autorisés à faire
goûter leurs produits,
à en crier le prix et à
surveiller les taverniers
pour limiter les
fraudes, notamment

Les privilèges commerciaux ont abouti à un
schéma simple : Bordeaux vend d'abord ses vins
(les graves, quelques entre-deux-mers et des
premiers côtes-de-blaye) ; ensuite, en raison
du temps de transport fluvial et des prix de vente
élevés – notamment à cause des octrois multiples
sur le parcours –, sont livrés les « vins du haut
pays ». Ce qui laisse imaginer la force de la pression
hollandaise puis anglaise pour obtenir des Bordelais,
dès le XIIᵉ siècle, du « vin noir » ou pour imposer,
à partir de 1270, le port de Libourne, qui exportait
cent mille hectolitres vers l'Angleterre trente ans
après sa création. Enfin, après huit à dix mois
de stockage, les vins du millésime étaient bradés
ou jetés pour dégager les quais et les chais.

à la contenance des
pots. Aucun débitant
ne peut refuser les
offres du crieur qui tire
souvent le vin lui-
même, s'installe dans
la rue avec un broc et
une coupe (ci-dessus),
marqués aux armes de
la taverne. En général,
le crieur remplit son
office deux fois par jour
– à 8 heures et à midi –
et est payé 4 deniers
par le tavernier.

L'opération s'accélérait si un arrivage de vin étranger – muscadet breton comme malvoisie chypriote – était signalé. L'exotisme de l'événement et la symbolique commerciale comptaient autant que le produit. Ainsi à Paris, le chapitre 33 de l'ordonnance signée en 1415 par Charles VI prend soin de détailler le protocole : le clerc de la Ville (soit le secrétaire de mairie) doit inventorier les barils, les sceller sur la bonde, sous le contrôle de deux sergents, puis assister à la fixation des prix après dégustation par sondage et enfin veiller que les crieurs de vin partent, pot doré en main, hanap dans l'autre.

Les routes existent aussi

Parce que les bateaux romains transportaient sept mille à huit mille amphores, tandis que chaque mulet d'une caravane partait avec deux maigres amphores de part et d'autre du bât, il est tentant de réduire les échanges terrestres à un complément. C'est négliger le dynamisme commercial des provinces qui ne dépendent pas d'une métropole

Le transport par route relève de l'expédition. Arrivé sur le lieu de l'approvisionnement, l'acheteur s'adresse à des courtiers qui lui servent de conseiller œnologue et d'assistant lors de la transaction, effectuée en général chez le vigneron. Chaque opération ne portant que sur quelques tonneaux, il faut les regrouper (ci-dessous) avant le convoyage. Le trajet, compte tenu de l'état des routes, est lent, onéreux et dommageable aux tonneaux : il faut resserrer les cercles des fûts, colmater les fuites, sceller plusieurs fois les bondes pour limiter les vols.

du vin : les vignerons de Tonnerre vendent de Gand à Amsterdam et ceux d'Alsace investissent les tables scandinaves sous le nom générique de « vin du Rhin ». C'est surtout oublier, jusqu'au XVIᵉ siècle pour la Champagne, et au début du XIXᵉ siècle pour les provinces méridionales, la capacité d'attraction des foires. Dès 427, Sidoine Apollinaire vante l'emplacement champenois, au carrefour des routes allant des Flandres en Italie et de l'Île-de-France en Europe centrale ; presque un millénaire plus tard, Philippe de Valois confirme que « nos foires de Champagne et de Brie furent fondées et faites pour le bien commun de tout pays, tant de notre royaume que dehors ».

En pratique, dès le XVᵉ siècle, les marchés où s'échange le vin venu par terre sont saturés : Charles VI décide, en 1413, de déplacer « l'Estappe des halles » en place de Grève, « en raison de la grande multitude et abondance de chariots et charrettes chargés de vin et aussi de gens ». Le choix de l'actuelle place de l'Hôtel-de-Ville offrait une jonction avec le port de Grève ainsi qu'une superficie assez grande, dite la maison aux Pilliers, sous laquelle on encavait les vins disponibles pour les protéger des chaleurs, des grands froids et des voleurs. Pour autant, l'aménagement ne fut adéquat qu'un siècle et demi, si bien qu'en 1557,

Les foires tiennent presque de l'exposition universelle, ce qui explique leur présentation allégorique (ci-dessus). On y trouve tous les produits et marchands d'Europe, de l'Irlande à la Moscovie, particulièrement en Champagne. Leur organisation administrative est complexe, sous la direction d'un chancelier : des notaires reçoivent les actes de vente, des magistrats surveillent les transactions, les officiers de police font régner l'ordre dans une ville de bois et de toile éphémère. On compte même des capitaines de foire, un ou deux par pays étranger, chargés de tenir le rôle de nos consuls contemporains.

le parlement de Paris décida de contingenter géographiquement les livraisons parisiennes aux vins dits de village (les arrondissements périphériques actuels) et d'une zone située à plus de quatre-vingts kilomètres de la capitale. Cela explique la fortune d'Orléans et de la basse vallée de l'Yonne, tandis que la Beauce et la Brie se reconvertissent dans les céréales.

La stratégie des marchés captifs

La vigne ne fait pas nécessairement le marché. La Sérénissime ne disposait d'aucun arrière-pays adapté au commerce viticole international; elle s'en inquiéta autour du XVe siècle devant l'avance turque en Méditerranée. C'est seulement à partir du XVIe siècle que les terres de Valpolicella et Soave commencèrent à livrer un *recioto* puissant et que les côtes dalmates se lancèrent dans le *prosec*, une variante de blanc, « comme là-bas » (la Méditerranée sud-orientale), en adaptant la technique du séchage de la vendange au soleil. Cette politique de substitution servit de cache-misère pendant un siècle avant de donner aujourd'hui, sous l'aiguillon d'une demande touristique de masse qui partage avec ses ancêtres le goût de la surmaturation, d'excellents blancs de style italo-tudesque. De même, les Hollandais et les Anglais compensaient leur manque de vignes par un appétit de succès commerciaux et de boissons alcoolisées en tout genre, suscité – disait-on – par l'air ambiant.

La préoccupation stratégique était de s'assurer des monopoles d'approvisionnement par la conquête territoriale, l'offre commerciale avantageuse ou le piratage. Ainsi, Venise exploite ses relations avec Byzance qui était maîtresse de Chypre, de la Crète et de la pointe sud du Péloponnèse où l'on élaborait notamment le fameux malvoisie. Au XIe siècle, elle possédait un monopole d'approvisionnement, complété par les armes aux XIVe et XVe siècles après qu'elle eut conquis Chypre et évincé les ordres religieux propriétaires des vignes. Dans la même séquence chronologique, les Hollandais entreprirent de concurrencer puis d'évincer (partiellement)

Le grand vainqueur de la « Bataille des vins », célèbre dégustation comparative organisée par le roi de France et rapportée en 1224 par Henri d'Andeli, est le vin des Chypriotes commercialisé par les Vénitiens. En 1494, Pietro Casola rapporte, de retour de pèlerinage en Terre Sainte, qu'« ils font leur vin avec de la résine, et je ne pouvais le boire », tout comme les vins du Péloponnèse, « rendus forts par l'addition de résine pendant la fermentation, qui laisse une odeur étrange. Ils disent que le vin ne se conserverait pas sans cela ».

les Britanniques du Bordelais, d'abord grâce à l'aménagement du port de Libourne puis par la plantation d'un cépage (le verdot) sur un terrain adéquat (les palus le long des fleuves) avec une disposition en ligne propice aux rendements élevés, le tout pour offrir un « vin de cargaison » adapté à une clientèle de marins et de bourgeois. Vénitiens et Hollandais combinaient la maîtrise de l'offre puisqu'ils installaient un flux continu d'approvisionnement au lieu des enlèvements annuels, ce qui divisait les risques de transport et réduisait le problème du stockage, en même temps qu'ils satisfaisaient une demande influencée par le succès du coupage à l'eau-de-vie.

La bataille des avantages comparatifs

Dans ce genre de marché, les arguments de prix, de nouveauté et de quantité transportée pesaient lourds. Et les Vénitiens se montrèrent là aussi pionniers : leur flotte viticole comportait des galères

Venise devient au XVIe siècle le premier marché viticole de Méditerranée, moins par le stockage des vins orientaux de Chypre ou de Candie dont l'arrivage est toujours dépendant de la guerre avec les Turcs, que grâce à l'essor des vignes sur l'Adriatique. À Fiume, on plante de la malvoisie ; à Vis du prosec ; autour de Vérone et de Padoue, puis de Bardolino et Soave, se multiplient les plantations. Moins riche en alcool que les vins grecs mais seul vin capiteux d'Europe, le vin italien entend concurrencer le goût français.

de 1 000 tonneaux, déclassant les navires génois ; ils proposaient leurs vins à des prix de dumping, exploitant ici une guerre qui ralentissait les exportations chez le concurrent, là les changements de dynastie ou de pape, moyen de fidéliser les clientèles d'Italie et d'Europe du Nord, pendant qu'ils affaiblissaient les ventes des foires.

Les Hollandais s'inspirèrent du modèle vénitien en le perfectionnant dès qu'ils obtinrent la suprématie maritime, des années 1570 aux années 1650. Celle-ci leur offrait une clé de transformation du marché ; ils l'utilisèrent pour tous les liquides consommables. Aux marins du monde entier et dans leurs colonies, ils imposèrent l'eau-de-vie ; aux clients européens, ils vendirent la « façon hollandaise », vins blancs doux, vins mutés, vins noirs ou encore « vins de chaudière » à bonne dose d'eau-de-vie, le tout fourni par le grand Sud-Ouest français. La percée commerciale de ces vins ne reposait pas sur la distinction du goût, mais sur le rapport qualité-prix. Avec les Hollandais, l'esprit bourgeois entrait dans l'univers du vin.

L'austère présentation de ces marchands (ci-dessus) est aux antipodes des stéréotypes viticoles sur les Flandres : ici, on est réputé boire autant en dehors des repas qu'à table, à la différence des Français ou des Italiens. Pas question non plus de couper son vin autrement qu'à l'alcool, pour la bonne raison, suggèrent les voyageurs français, « qu'ils n'ont commerce que de vins d'ordinaire » et que leur plaisir consiste à en avaler des lampées au lieu de goûter la boisson. Leur capacité d'absorption force l'admiration, seulement devancée par celle des Polonais.

Aussi passèrent-ils à côté du cognac, laissant l'aristocratie britannique le populariser plus tard, parce que les bois de chauffage pour la distillation et l'eau-de-vie produite en Armagnac étaient plus avantageux pour « brandeviner » leurs bordeaux. En bons libéraux, ils refusaient le chenin blanc des Angevins, grevé de taxes, au profit du layon ; au besoin, trente ans plus tard, ils filaient s'approvisionner à Jerez et à Porto, en profitant d'un coût moindre de transport, offert par des « flûtes » jaugeant moins de 500 tonneaux et manœuvrés par un équipage trois fois moindre que les concurrents. Ils faisaient mine d'ignorer qu'une guerre presque séculaire les opposait aux Espagnols. Avec le bordeaux noir et les vins alcoolisés, les Hollandais ont inventé « les manies spéculatives ».

La revanche protectionniste

Amsterdam était une providence contraignante pour ses fournisseurs ; elle apparut comme une menace intolérable aux États, indépendamment de l'état

La réprobation visible sur le visage de la domestique (ci-dessous) ne doit pas égarer : en Europe du Nord, les femmes boivent. Entendons ici les « femmes honorables » puisque celles du peuple sont partout censées consommer autant que les hommes. Cette coupure géographique est récente – au XVe siècle encore hommes et femmes boivent ensemble – et tient au statut social particulier de la femme méridionale, que sa sobriété doit protéger contre les excès de la chair et les errements de langage ou de manières que provoquerait le vin.

de guerre continu en Europe au XVIIᵉ siècle.
Avec quinze mille navires à l'eau contre neuf
mille au plus pour tous leurs concurrents réunis,
les Provinces-Unies exerçaient une sorte de
souveraineté indirecte sur les provinces côtières.
Ainsi, en 1647, le classement des bordeaux
correspondait à leur hiérarchie de prix – le sauternes
loin devant – et aux quantités enlevées – les vins
de palus se négociant quatre fois plus cher que
les bordeaux au goût anglais.

Puisque les Hollandais ignoraient la « police
des vins », on se chargea de la leur rappeler :
en 1651, l'Acte de Navigation anglais nationalise
le transport du vin, ce qui exclut les trois quarts
des fournisseurs ; la guerre maritime en est la suite
logique – sur le modèle de celle qui opposait depuis
1590 Vénitiens et Hollandais pour le contrôle des
vins grecs. Colbert ne fait rien d'autre, si ce n'est
en plus grand et plus systématique, compte tenu des
moyens du pays. Autour de 1680, ce sont au moins
deux mille cinq cents bateaux qui changent de
pavillon ou sont coulés chaque année. Conséquence
logique de cette guerre commerciale, un Hollandais,
certes futur roi d'Angleterre, se convertit au
protectionnisme : en 1688, Guillaume d'Orange
taxe les bordeaux deux fois plus que les nouveaux
vins noirs, acheminés de Jerez et de Malaga.

À Amsterdam
(ci-dessus), il est
interdit de détenir
des tonneaux de
provenance hétéroclite.
Pas question de stocker
vins blancs du Poitou,
de Bourgogne ou du
Rhin, on craint trop
les mélanges.

L'heure des reclassements

Les complications douanières entraînent une redistribution socio-économique de l'Europe viticole, favorisant l'intrusion d'une bourgeoisie entrepreneuriale dans un univers aristocratique. Au Portugal, le désintérêt généralisé des élites offre une chance aux pionniers anglais et hollandais ; en Espagne, en Italie et en France, la crise de capital affectant la noblesse précipite sa décrépitude. À Beychevelle par exemple, le duc de Foix-Candale doit se séparer de quatre propriétés viticoles au profit de parlementaires bordelais qui ont retenu la leçon du président de Pontac à Haut-Brion : la vigne est une aubaine pour rentabiliser des terres pauvres. Ce sont eux qui abandonnent la culture en joualle (au milieu d'autres), qui imposent une monoculture au tracé géométrique, le vieillissement en fûts de chêne pour des liquides désormais classés en grand vin, second vin, vin gris, vin treuillis (de presse) et qui empruntent aux Hollandais la mèche soufrée « qui donne des migraines » mais stabilise les barriques. Seuls les aristocrates anglais, on l'a dit, conservent la haute main sur le commerce, pour deux générations encore.

« La qualité de leur air pourrait inciter [les Hollandais] à boire. Car, bien que l'usage ou l'excès de la boisson puisse détruire les facultés de l'homme qui vit dans de meilleurs climats, d'un autre côté, elle pourrait améliorer les organes et les facultés des hommes qui vivent dans un mauvais air, et pourrait être nécessaire pour dégeler et ranimer l'ardeur transie ou endormie de l'esprit. » Cette explication « climatique » des penchants viticoles hollandais est proposée par l'ambassadeur d'Angleterre, William Temple.

Ci-dessous, le port de Grève à Paris, actuelle place de l'Hôtel-de-Ville et l'un des plus anciens ports aux vins de la capitale.

Jusqu'à la Révolution, le commerce des vins se répartit, à Paris, en trois endroits : le port Saint-Paul (vins d'Auxerre, de Bourgogne, de Champagne et du Midi), le port Saint-Nicolas, au Louvre (vins d'Espagne et du Sud-Ouest), et le port Saint-Bernard (vins de Bourgogne). L'engorgement de ce dernier conduisit Napoléon à décréter, le 26 mars 1808, la construction d'une nouvelle halle aux vins (ci-contre), sur les terrains de l'ancienne abbaye Saint-Victor. Les travaux furent achevés en août 1813 pour les quatre premiers pavillons, et le reste en 1818, pour une superficie totale de douze hectares. En riposte à ce glissement du commerce vers la rive gauche, un projet concurrent fut proposé à Bercy et, dès 1812, des chais « sauvages » proliférèrent jusqu'à la réorganisation du baron Louis en 1819. Après un incendie en 1820, la reconstruction s'opéra rationnellement si bien qu'en 1840 Bercy était devenu le premier entrepôt de Paris avec neuf cent mille hectolitres de vin stockés.

Installés hors la ville sur l'emplacement d'un ancien couvent de Chartreux, les négociants bordelais colonisèrent l'ensemble des terrains environnants en un siècle et demi, installant même des caves dans les contreforts des temples protestants (ci-dessous, un plan d'assureur avec mention des noms des négociants). Aux Britanniques d'origine se sont adjoints des Alsaciens (Eschenauer), des Rhodaniens (Calvet et Dupont), des Allemands (Cruse).

« La populace étourdit sa raison sur le profond sentiment de sa misère ». Évolution capitale : avec le boom démographique puis industriel qui saisit l'Europe autour de 1770, non seulement la vigne perd du terrain, mais le vin n'est plus le signe obligatoire d'une fête, d'un plaisir, marqué par la recherche de la qualité. Il devient également un breuvage consolateur, bu en quantité pour supporter l'usine, le déracinement et la pauvreté.

CHAPITRE 5

LE TEMPS DU VIN POUR TOUS

❝Riches ! Que faites-vous de vos vins exquis ? Vous les avalez, mais vous ne les savourez pas. Faites-les boire aux enfants des arts ; leur verre en sera échauffé ; il en naîtra quelques traits heureux ; et vous qui ne faites rien, vous serez moitié absous.❞
Louis Sébastien Mercier, *Tableau de Paris*, 1781

**Vin des riches,
vin des pauvres**

La vigne de qualité reste une production domaniale des seigneurs et des abbés, relayés par les négociants et la noblesse de robe. Parallèlement, il existe un vignoble de proximité où les manœuvres remplacent les vignerons et se dispensent des techniques délicates, pourvu que le cépage donne en quantité. À Paris, il est installé hors les murs – à Suresnes, Sartrouville, Joinville-le-Pont, Bercy ou Belleville – car seuls les bourgeois propriétaires de vignes intra-muros disposent du privilège fiscal de commercialiser leurs récoltes.

C'est pourquoi, à partir de la Fronde, se multiplient les guinguettes où le peuple des villes vient consommer sans soif et à peu de frais. On y sert du gros gamay à 3 sous la pinte. Autour de Paris, les « vignerons de banlieue » privilégient le rendement : en 1785, année record, celui du vignoble d'Argenteuil dépasse cent cinquante hectolitres à l'hectare. À Lyon, les ouvriers de la soie passent le Rhône pour se rendre aux Brotteaux ou à Villeurbanne, tandis

A R R E S T
DU CONSEIL D'ESTAT
DU ROY,

Portant que les Vins, Eaux-de-Vie & autres Boissons, qui séjourneront dans les Lieux de passages, plus de huit jours par eau, & plus de trois jours par terre, seront reputés avoir été amenés dans lesdits Lieux pour y être vendus & consommés.

Du 22. Mars 1707.

Entre taxes, contrôles, surveillance, le vin est une pompe à finances : dès la récolte, le vigneron paie un droit de gros sur 8 % de la valeur déclarée ; s'y ajoutent quatre impôts intermédiaires dont deux pour les courtiers et un droit de bouchon pour vendre en direct. Idem avec les taxes de l'Église, de banalité, de bouteillage et d'octroi. Enfin le « trop bu » taxe la fraude supposée de l'autoconsommation paysanne assimilée à une vente au noir.

que les villes de garnison, comme Dol-de-Bretagne ou La Rochelle, entretiennent un vignoble décrépit pour le gosier des troufions.

Le vin, menace sociale ?

Cet appétit viticole est contrarié par l'édit de 1731 qui interdit toute plantation nouvelle sur l'ensemble du royaume. Or la vigne avait constitué une aubaine pour les laboureurs ruinés par les rigueurs climatiques de 1705-1715. Il ne leur restait plus qu'à modifier l'encépagement pour satisfaire une demande croissante, le vin étant réputé « donner des forces » contre le froid et au travail. Les taverniers et cabaretiers sont les premiers bénéficiaires : ils étaient quatre-vingt mille à la fin du XVIIᵉ siècle, ils sont cent mille à la veille de la Révolution.

Les règlements de police prévoient la fermeture de leurs établissements à 9 heures en hiver et à 10 heures en été. Mais si la devanture est bien fermée, il existe toujours une porte arrière connue des habitués et négligée par la maréchaussée, d'abord soucieuse du respect des taxes sur le vin. En revanche, l'Église voit dans les tavernes des lieux

La description des lieux de plaisir, de boisson et d'ivrognerie est une riche source iconographique pour le XVIIIᵉ siècle. « Le cabaret de Ramponeau *Au Tambour royal* près de la Courtille » (ci-dessous) est l'un des plus représentés. Cette guinguette célèbre, où l'on trouve repas servis et vins à boire et à emporter se trouvait à cinq cents mètres au-delà des barrières ; la rue Ramponeau en perpétue le souvenir. « Venez boire du Ramponeau, vin nouveau à 4 sols ». En deçà des barrières le vin coûtait alors trois fois plus cher en raison des droits d'entrée.

propices à l'hérésie et bataille pour l'interdiction
de la vente les dimanches et lors des offices religieux
célébrés les jours de fête. Elle dénonce également les
cabarets, rendez-vous des maraudeurs et délinquants,
repaires privilégiés pour les milliers de prostituées
qui peuplent les villes. Soutenue par certains
médecins et encyclopédistes, elle stigmatise
les trafics sur les vins coupés et les ravages de
l'alcoolisme (le mot ne sera forgé qu'en 1849),
notamment dans certaines professions : les ouvriers
imprimeurs se « barbouillent » ou « s'encrent »,
les portefaix « se chargent la brouette ». Rien
d'étonnant donc si les débits de boissons sont perçus
comme des foyers de désordre social.

Le vin révolutionnaire

Du 11 au 13 juillet 1789, des émeutiers parmi
lesquels se trouvent nombre de cabaretiers attaquent
les barrières de l'octroi, de Monceau à la Bastille ;
dans le même temps, les marchands de vin scellent
l'« acte d'union » par lequel ils s'engagent à maintenir
à tout prix les franchises en vigueur dans les
faubourgs. Le vin n'est pas compté pendant ces
journées d'émeute… C'est un groupe bien arrosé
qui met le siège devant la Bastille le 14 juillet, avec
le succès que l'on sait. Pourtant le roi est acclamé
lorsque, de retour à Paris le 17, il fait donner au
peuple du vin à boire à sa santé. L'accalmie est de
courte durée ; le 23, l'intendant Bertier de Sauvigny
est tué sur le parvis de l'Hôtel de Ville, son cœur
arraché est broyé dans des tonneaux de vin et d'alcool
que les émeutiers boivent à grandes lampées sous
le regard effaré du député du Bugey, Brillat-Savarin.
La liberté viticole est éphémère : à l'automne 1789,
on rétablit les péages. Un corps de six cents gardes
nationaux est alors affecté à leur protection.

Un an auparavant, la Constituante célébrait le vin et la liberté ; après la journée du 20 juin 1792, c'est un Louis XVI de caricature qui trinque malgré lui à la Révolution.

Il fallut attendre le 19 février 1791 pour que
l'Assemblée constituante prenne le décret tant
attendu de la suppression de tous les octrois
à compter du 1er mai suivant où le coup de canon
libérateur fut tiré. Vin et révolution étaient
« mariés », ce que rappelle la *Feuille du matin* du
25 novembre 1792 avec sa *Marseillaise du buveur* :

« Allons enfants de la Courtille, le jour de boire est arrivé… » De fait, la production viticole a progressé de 10 % malgré les guerres et les victimes, parfois célèbres comme le propriétaire du château Lafite, guillotiné en 1793, ce qui explique l'absence de ce millésime.

La redistribution impériale

Il fallut, une fois encore, une guerre de vingt-cinq ans pour que le paysage viticole se modifiât, au profit de la France certes, mais avec un basculement du Nord au Sud-Ouest remarqué.

Du côté tricolore, les campagnes militaires nourrissent une demande constamment à la hausse, depuis l'expédition d'Italie (1797) jusqu'à l'aventure russe (1812). La piétaille se fournit sur place, les officiers supérieurs s'approprient des vignobles ; la volonté libératrice des enfants de Valmy sert de prétexte commode. Dans le convoi transportant les *Noces de Cana* de Véronèse se glissent « trente tonneaux d'un délicieux Monte Cino [on aura reconnu le montalcino] ».

Le vin enrôlé par la critique contre-révolutionnaire : le Tribunal des massacres de septembre 1792 (ci-dessous) semble saisi de cet « esprit de vertige » qui ne faisait « refuser aux Parisiens aucune occasion de boire ». On notera toutefois que l'ivresse n'est plus considérée comme un problème moral mais social et encore secondaire puisque « seules les harengères [sont] ivrognes », réflexe sexiste habituel jusqu'au XIXe siècle. Quant à la maladie de l'alcoolisme, on en reparlera seulement après les travaux du physicien suédois Magnus Hus et leur traduction en 1852.

[Reproduction d'un registre manuscrit ancien comportant les en-têtes : « Doit Bonaparte 1er Consul... à Paris », « Merlin Place Vendôme à Paris », « S.E. Mr De Talleyrand à Paris », « Doit L'Archevêque d'York à Londres », avec des colonnes de chiffres difficilement lisibles.]

Dès 1803, l'administration napoléonienne prive les abbayes mosellanes de leurs meilleurs rieslings, confisqués pour un quart par l'occupant et le reste vendu aux enchères comme bien national. Cette sécularisation entraîna d'abord la disparition d'un savoir-faire, l'apparition de petits propriétaires portés plutôt à cultiver un sylvaner productif, à boire dans l'année et moins cher. Puis, en réaction antifrançaise dans les années 1820, une recherche obsessionnelle du vin de l'âge d'or prérévolutionnaire, sous la houlette du nouveau propriétaire du Schloss Johannisberg, le chancelier Metternich, permit d'inventer les fameux rieslings Beerenauslese, autrement dit l'équivalent germanique d'Yquem.

Le blocus continental (1804) organisa ainsi le premier marché unique européen du vin, étant entendu que, selon leur talent coutumier, les Anglais surent – à Bordeaux par exemple – confier leurs intérêts à des hommes de paille français, en Espagne ou en Italie se faire passer pour des

Irlandais catholiques et surtout
continuer à acheter des milliers
de pièces grâce aux
dérogations des
bureaux impériaux. Les
Français profitèrent
de la baisse des taxes
douanières et de la
dilatation du marché
grâce à la conquête
pour multiplier les
replants : trois cent
mille hectares en dix
ans pour une superficie
globale d'un million sept
cent mille hectares, soit
la moitié du vignoble mondial.
Quant aux exportations, elles
dépassent le million d'hectolitres.

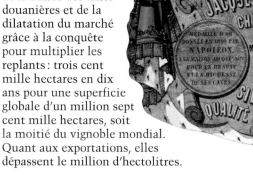

Le temps des audacieux

L'épopée impériale et l'esprit encyclopédiste
ont donné aux amateurs du XIXe siècle le goût de la
découverte planétaire. Le Français
André Jullien, en 1816, et
l'Anglais Cyrus Redding, en 1833,
proposent les premières recensions
mondiales des vins, de leurs
climats et de leurs nuances.
La *Topographie* du premier et
l'*Histoire et description* du second
se ressemblent ; certes, l'un écrit
en marchand, l'autre en
journaliste, mais leur ambition
commune est de donner
à comprendre la carte de
la modernité viticole issue des
chamboulements européens et des
migrations intercontinentales du
demi-siècle précédent. À la fois
guides, recueils statistiques et
modèles d'enquêtes sociologiques
avant l'heure, ils inspirent des

Sillery avait déjà établi
la réputation du vin
blanc de Champagne
dès le Ve siècle. Avec
la mise au point du
champagne, ce terroir
et celui d'Épernay
bénéficièrent des faveurs
royales puis impériales,
Napoléon étant à la fois
un ancien client de la
maison Ruinart (à
gauche, en haut, une
commande du Premier
consul) et un ami de
Jean-Rémy Moët,
propriétaire à Épernay
et maire de la ville. Les
excellences du moment
(ici, Merlin de Douai
et Talleyrand) suivirent
le goût de leur maître,
imités par les Anglais
(ici, l'archevêque
d'York) et les Russes,
sensibles aux médailles
distinguant les
meilleures caves
(ci-dessus). À gauche,
en bas, les flûtes
de l'Empereur et de
Joséphine.

milliers de lecteurs, y compris ceux qui, à l'exemple de James Busby ou John MacArthur, entendent implanter le vin aux antipodes.

D'abord, il y eut la découverte des climats adaptés à la vigne, comme cette curieuse Hunter Valley, au nord de Sydney, où l'évaporation océanique crée une sorte de coque protectrice au-dessus des vignobles. Ensuite, il s'agit d'imiter les méthodes des maîtres européens, au gré d'une population hétéroclite et qui a davantage appris par ouï-dire que lu ou voyagé dans les vignobles : les Anglais s'essayent au « porto » ou au « bourgogne », les Allemands rêvent de produire du « riesling ». Pendant un bon demi-siècle, ils obtiennent surtout du gros rouge et ne parviennent pas à concurrencer l'eau-de-vie sur le marché national.

En 1828, la médaille d'or obtenue au concours général de Londres fut un coup d'éclat sans suite ; il fallut attendre le vin servi à l'empereur Napoléon III, lors du repas de clôture de l'Exposition universelle, pour qu'en 1855 le vin d'Australie gagne un nom. Avec le marché du Commonwealth à approvisionner, surtout en portos et xérès, le vignoble australien quintuple de 1855 à 1870, tandis que, sur des exploitations de plusieurs kilomètres de long, arrivent des boutures de Château Lafite. Entreprise grandiose qui se concrétisera trois générations plus tard, le temps d'apprendre à faire du vin vraiment australien et à saisir la chance de la mondialisation.

Les espoirs des pionniers américains

Contrairement à une idée reçue, on a toujours cherché à produire du vin sur le territoire américain. Dès le début du XVIIIe siècle, des Languedociens et des Mosellans ont été recrutés par les autorités coloniales britanniques ; un siècle plus tard, les Espagnols poussaient à l'installation de dix-neuf missions franciscaines depuis San Diego jusqu'à

L'eau est maîtresse du vignoble australien. Eau de mer car les exploitations s'ordonnent autour de ports (Adélaïde, Melbourne, Newcastle) et que le commerce de très longue distance du raisin à destination des caves déjà industrielles y est habituel. Eau salée avec les risques de remontées souterraines observées dès 1910. Eau fluviale avec le rôle clef de la Murray qui traverse les deux tiers du Sud australien et fédère quatre régions viticoles. Eau d'irrigation, développée au tournant des XIXe et XXe siècles, qui permet à l'Australie de cultiver cent cinquante mille hectares de vignes et dont l'usage contribue au fruité dominant des vins. Danger enfin de l'eau polluée à la fin du XXe siècle.

Sonoma. À chaque fois, le résultat se révéla
lamentable : les cépages (*scuppernong* de Floride ou
mission de Californie) donnent des jus imbuvables,
les méthodes sont rudimentaires si bien qu'à l'Est
on coupe systématiquement le vin d'eau-de-vie
pour un quart ; surtout les débouchés sont absents
puisque à l'Est le vin est associé aux élites sudistes
et qu'à l'Ouest, le vin de messe doux est ignoré
par les indigènes et les pionniers. À cela s'ajoutent
des calamités naturelles endémiques, tel le
phylloxéra à l'Ouest.

Le président Jefferson a beau baisser les tarifs
douaniers, le vin reste un produit de luxe associé à
l'héritage européen, un signe de distinction culturelle
et de réussite sociale. Les ferveurs pionnière et
patriotique du XIXᵉ siècle relancent l'entreprise. Dans
les années 1820-1830, un géomètre, John Adlum, met

Jusqu'à la crise
de surproduction
des années 1880,
la Californie est un
paradis viticole avec
Sonoma, Santa Clara,
Buena Vista et Napa
Valley, d'abord dans
l'euphorie de la ruée
vers l'or puis grâce aux
liaisons ferroviaires
continentales. La vigne
manque de main-
d'œuvre et, après avoir
recyclé les coolies du
chemin de fer, on en
« importe » de Canton
(ci-dessous), à 8 dollars
par mois, le quart d'un
salaire ouvrier.

« Il faut toujours [...] une surveillance extrême dans les celliers et des soins assidus qui occupent les tonneliers. Cela a donné un heureux caractère de permanence aux occupations des ouvriers dans les chais et leurs rapports continuels avec les patrons n'ont pas peu contribué à la bonne intelligence qui règne entre eux. » Auguste Blanqui oublie que le tonnelier Lafont sera le premier propagandiste des œuvres de Marx...

au point le premier vin « américain » en Caroline-du-Nord et baptise cet assemblage tokay (toujours l'exemple européen) puis *catawba* en hommage enfin national à la toponymie des lieux. Simultanément, deux Français, Louis Bauchet et Jean-Louis Vignes, implantent en Californie des ceps bordelais greffés sur des pieds locaux. L'objectif de tous ces vignerons est de rivaliser un jour avec la France, si bien qu'en 1857 naît le premier champagne californien tandis que, l'année suivante, un journal londonien consacre le *catawba* comme « meilleur qu'aucun vin rhénan et transcendant le champagne de France ».

L'élan consumériste

La diversification de la demande viticole nécessite des capitaux. D'abord pour acheminer les vins vers les grandes villes, ensuite pour planter de nouvelles terres et financer les stocks. Les capitaux investis par l'État dans les transports donnent le signal d'une expansion générale après 1830-1850. Les Bourguignons voient ainsi arriver le canal de Bourgogne (1832) puis le chemin de fer à Dijon (1851), ce qui leur permet d'approvisionner Paris avec du gamay : du coup, ils en plantent dans la plaine de la Saône. Ils n'oublient pas leurs grands vins et leurs négociants ajoutent au nom de la commune celui du cru, à l'exemple de chambolle-musigny ou de gevrey-

chambertin, afin de fidéliser leurs clientèles parisienne et londonienne. Plus au sud, l'arrivée du train (Bordeaux-Sète en 1857, Perpignan-Paris en 1858) donne naissance à une monoculture de la vigne dans le Languedoc-Roussillon qui abreuve les trois millions de citadins supplémentaires.

Tandis qu'un peuple ouvrier se noie dans l'ivresse pour oublier les mâchoires de fer de l'industrialisation, le souci financier des grands crus reste de surmonter les à-coups d'un marché extérieur fluctuant au gré des guerres commerciales et de la conjoncture industrielle. Jusqu'au second Empire, la bataille de l'argent oppose propriétaires et négociants, les premiers voulant rester maîtres de leurs prix, les seconds désirant obtenir les livraisons constantes à des prix régulés sur cinq ans, quitte à vendre des

Le chemin de fer (ci-dessus, à Marseille) est le grand agent de désintégration du système viticole traditionnel. En 1846, les trajets La Teste-Bordeaux et Sète-Nîmes, couplés aux échanges maritimes, permettent aux vins du Sud-Ouest d'évincer la concurrence à la fois par le temps gagné (6 jours contre 12 à 14) et les quantités enlevées. En 1853, les crus les plus prestigieux sont associés au mirifique projet du Grand-Central entre Bordeaux et Lyon : « Volnay et Beychevelle partant à la conquête de l'Ouest », selon le duc de Morny. Ce n'était en fait qu'une chimère boursière qui se conclut par une faillite retentissante. À gauche, une carte de France illustrant les quantités de vin transportées en 1857 par voie d'eau et chemin de fer.

assemblages, des vins coupés ou chaptalisés de manière empirique, ce qui donnait au pinot noir de Bourgogne, certaines années, des « goûts curieux de vin d'Auvergne coupé au sirop de fraise ».

L'âge d'or français

Les accords de libre-échange douanier ouvrent les marchés allemand, belge, hollandais puis suisse et russe qui représentent un gros tiers des exportations après 1860. Avec ces clients, le style des vins se diversifie : on sucre moins le champagne pour les Anglais, plus pour les Russes ; on prend soin de différencier les crus. C'est toute une hiérarchie de la valeur commerciale qui se met en place à l'instigation des courtiers : après une tentative en 1816 qui singularisait les premiers et les seconds crus, le négociant allemand Franck établit en 1824 un « hit parade » de quatre cent huit domaines. Pomerol, puis Saint-Émilion emboîtent le pas en vendant des vins censés se conserver jusqu'à vingt ans, tandis que les propriétaires s'inventent des châteaux pour souligner l'ancienneté de leurs exploitations. L'embellie fut générale et durable, malgré l'apparition de l'oïdium, ce champignon qui s'attaque aux parties vertes de la plante et aux baies. La récolte de 1854 a beau tomber à onze millions d'hectolitres (les deux tiers de la vendange 1804), le prix du vin et des propriétés ne cesse de s'envoler : Château Lafite, qui s'était négocié un million de francs en 1821, est acheté quatre millions par James de Rothschild quarante ans plus tard. Les saint-émilion conquièrent Paris après l'Exposition universelle de 1869 où soixante de leurs crus remportent une médaille d'or, ce qui entraîne un quadruplement des commandes et

La cour de Russie, à l'exemple de Catherine II, goûte le champagne dès le XVIIIᵉ siècle et notamment le roederer (ci-dessous, le renouvellement du brevet de fournisseur en 1903). C'est un coup de maître commercial et de marketing qui sera à l'origine de la frénésie russe pour le champagne au XIXᵉ siècle. Tandis que Roederer et Heidsieck vendent un produit fait à la française, madame Clicquot-Ponsardin, dès 1811, propose un champagne « à la russe ».

un doublement des prix. Les vins courants
ne sont pas en reste avec le succès du cépage aramon,
fréquemment « viné » grâce à l'alcool de distillation
puis coupé avec de l'eau de peur qu'un vin trop fort
excite les ardeurs populaires ou nuise au rendement
industriel, ce qu'Alphonse Karr résumait d'un
lapidaire : « le travail est la plaie des classes qui
boivent ».

Le réveil européen

Au sortir des guerres napoléoniennes, le marché
européen du vin était cul par-dessus tête : le
principal producteur, l'Église catholique, avait été
dépossédé, même temporairement, de ses vignes.
Ses vignerons n'avaient pu transmettre leur savoir-
faire et l'Europe courait après les barriques de blanc
pour alimenter les quelques milliers de messes
quotidiennes à Rome ou Séville qui faisaient de
l'Église et de ses fidèles les premiers consommateurs.

« Aussi pur que l'eau »
– donc comparable à la
vodka –, vidé de ses
impuretés et complété
par un mélange sucre,
eaux-de-vie, vin
combinant douceur
initiale et alcool en
pointe finale, le dosage
spécial de la veuve
Clicquot fut promu par
un Allemand, capable
de contourner le blocus
et d'organiser,
via la Baltique,
un approvisionnement
régulier et hors embargo
sur les produits français.
Rien d'étonnant alors si
le terme « klikofskoe »
(« de Clicquot ») a
supplanté le générique
« champánskoe »
chez l'amateur russe.

Les règlements protectionnistes ralentissaient la reprise du commerce. Enfin, les eaux-de-vie concurrençaient un vin devenu trop cher pour la consommation populaire – qui baisse de 25 % en Europe hors la France de 1815 à 1845 – et de qualité encore incertaine, d'où la préférence des Anglais pour le porto.

L'ivrogne est celui qui ne sait pas profiter de la puissance vitale du vin. Aussi est-il réduit, dans le langage populaire, à une machine ou à un objet usuel : son œsophage a la « dalle [évier] en pente » ;

Comme en France, la révolution des transports accélère la reprise d'exportations moins taxées après 1840 et la mise en culture de nouvelles terres. Le chemin de fer atteint Jerez en 1854 et les ventes à l'étranger triplent en dix ans, jusqu'à trois cent vingt mille hectolitres ; en Allemagne, le riesling est sauvé par le bateau à vapeur sur la Moselle (1843) et par la voie ferrée dix ans plus tard, qui permettent de vendre des grappes aux Champenois et des bouteilles aux Scandinaves. Vendus aux Anglais et aux Russes par des négociants qui ont remplacé les viticulteurs de 1800 souvent expatriés aux États-Unis, soutenus par un État prussien qui encourage

il « carbure au rouge », « fait le plein », « se graisse les roues » (to be well oiled en anglais) comme une voiture ; après avoir « pompé » son vin, il finit « fabriqué » (ivre), voire « cassé » ou « pété ». S'il tombe dans le coma, c'est qu'il a été « fusillé », « asphyxié », « assommé » et qu'il rejoint les « cadavres » des bouteilles.

la chaptalisation « transparente » à des fins commerciales et fonde en 1872 un institut d'œnologie à Geisenheim, les vins allemands reprennent leur rang européen, tandis que la Ruhr industrielle avale des hectolitres, obligeant pour la première fois de son histoire l'Allemagne à importer plus de vin qu'elle n'en vend.

L'heure des déconvenues

Cet élan viticole généralisé se trouve modifié par la conjugaison de plusieurs crises, de nature différente. Dans les années 1870, le ralentissement général des affaires pénalise investissements et exportations, à un moment où une sorte de peste viticole – le phylloxéra – détruit un tiers du vignoble en France comme en Australie. Les vignerons doivent s'endetter pour remplacer les plants, se mécaniser, changer les méthodes d'exploitation, ce qui les incite à « faire pisser » la vigne avec des rendements élevés, au détriment de la qualité. À moyen terme (1880-1900), ils répondent à la demande, mais avec des produits vendus sans cesse moins cher, moins appréciés et en même temps devenus suspects.

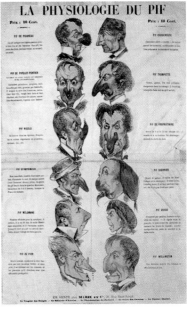

LA PHYSIOLOGIE DU PIF

Est-ce l'usage, en vigueur au XVIIIe siècle, d'aromatiser le vin avec du poivre, ou bien le qualificatif argotique de « poivre » appliqué à l'eau-de-vie (attesté en 1837) qui est à l'origine du mot « poivrot » ? Un poivrot est un « ivrogne, une personne qui a l'habitude de boire avec excès ». On dit alors qu'il est « poivré ». Toujours est-il que le nez est très sensible aux effets de l'alcool… et du poivre. Au Canada, une campagne contre l'alcoolisme au volant, engagée en 1994, s'appelait « Nez Rouge ».

    La lutte contre l'ivrognerie est désormais l'antienne de toutes les autorités. À l'époque de *L'Assommoir* de Zola (1877), le vin échappe à la condamnation qui frappe l'alcool ; dix ans plus tard, c'en est fini. Des médecins suisses et américains suggèrent un lien entre abus du vin et aliénation, des savants suédois et anglais prônent l'abstinence alcoolique devant la « dégénérescence œnolique », soutenus par les patrons qui associent désordres sociaux, révolution et gros rouge, ou des ecclésiastiques puritains au nom de la tempérance civile et morale, « clé de voûte des familles, des villes et des nations ».

Les grands banquets rythment la vie sociale, à la ville comme à la campagne. La publication officielle qui fixe la date d'ouverture des vendanges – car autrefois les vignerons avaient tendance à vendanger trop tôt par crainte de la pluie – donne lieu à une grande fête copieusement arrosée, appelée le ban des vendanges (ci-contre, à Vouvray au début du siècle). La conscription, au temps du service militaire obligatoire, était aussi une occasion de réunir la nouvelle « classe » avec les anciens et surtout d'aligner les bouteilles. Au début des années 1900, les treize mille mineurs des sociétés minières du bassin stéphanois ingurgitaient soixante-dix mille litres de vin pour la fête de la Sainte-Barbe, le premier dimanche de décembre (double page suivante, la famille du mineur Souvignet). « Le matin, les goulots pointaient traîtreusement sous la musette », note un observateur de la vie ouvrière de cette époque. Les médecins expliquent le phénomène par les carences caloriques de l'alimentation ouvrière. La gamelle, réchauffée sur les lieux du travail, paraissait bien meilleure dans les usines lyonnaises accompagnée d'un « pot » de beaujolais.

Dans chaque région de France, des usages se sont constitués et le service des vins à table a longtemps donné lieu à des rituels immuables. Le vin familial était, à l'origine, celui que les hommes mettaient eux-mêmes en bouteille avec fierté, aidés de leurs fils. La cuisinière préparait alors les plats de circonstance et, selon les régions, puisait dans le répertoire des recettes le mets destiné à honorer le vin nouveau : œufs en meurette en Bourgogne, daube provençale, sauce au vin et aux échalotes dans le Bordelais, coq au vin en toute région et même poulet au vin jaune en Franche-Comté. Sur ces plats, il convenait de boire le vin dont on faisait la sauce, qu'il s'agisse d'un saint-pourçain ou d'un gigondas. Au quotidien, dans le Périgord et surtout le Limousin avec la soupe bréjaude, on faisait « chabrot », ou « chabrol » (du latin *capreolus*, « jeune chevreuil », d'où l'occitan *béue à chabro*, « boire comme une chèvre »), en mêlant un peu de vin rouge avec le restant de soupe et en buvant cette mixture à petites gorgées, à même l'assiette.

Le rôle des coalitions professionnelles – les syndicats viticoles français sont autorisés par les lois des 15 juillet 1878 et 2 août 1879, cinq ans avant les ouvriers – et l'attention portée par les pouvoirs publics transforment ces crises en nœud gordien social. On n'a jamais autant bu de vin et, pour la première fois, l'abondance quantitative déclenche des jacqueries exceptionnelles – dans le Languedoc en 1907, en Champagne en 1911 – contre le fisc, la capitale avec ses « politicards » et contre les vins des Espagnols, Portugais ou Italiens. Bénéficiaires des crises françaises, ceux-ci sont aussi causes de la prolongation du marasme puisqu'ils bornent leurs ambitions à produire en abondance un vin de coupage coloré et alcoolisé, destiné à épauler les cuves tricolores anémiées.

Le sang et les larmes

Tout est réuni pour la « nationalisation » des vins, avec ce qu'elle comporte de fierté cocardière, de méfiance à l'égard de l'autre et de suspicion envers une technique ou une science qui corrompraient la nature du vin, au service de vulgaires intérêts mercantiles. Ainsi, entre 1895 et 1940, les consommateurs britanniques se détournent des bouteilles françaises au profit du whisky écossais, tandis que le vote du 18e amendement par le congrès américain, en janvier 1919, déplace le goût des consommateurs vers les alcools forts et sucrés.

On est ici loin de la compétition poétique ou diplomatique de l'Ancien Régime : la guerre du vin s'ancre sur le souvenir d'un âge d'or préphylloxérique aussi illusoire qu'irreproductible.

Au début du siècle, les vignerons de l'Aube se révoltent contre l'administration qui leur refuse l'appellation champagne, en raison d'un encépagement non conforme. À l'issue d'une véritable jacquerie (ci-dessus en 1911), une appellation de deuxième zone est créée pour eux. La guerre interrompit ce combat picrocholin et la loi du 22 juillet 1927 rendit l'appellation aux Aubois à la condition de modifier l'encépagement. En raison aussi de l'état lamentable des vignobles de la montagne de Reims, ensevelis sous le déluge gazeux des Allemands.

Elle s'entretient par les barbelés douaniers posés des années 1890 aux années 1950, son écho est amplifié par la hantise du retour des pucerons ou de l'oïdium, par le souvenir des terres mortes, par la crainte que les « jeunes » nations viticoles – la Hongrie, la Rioja espagnole, l'Italie du Sud ou des continents entiers – submergent les anciennes, exact pendant de l'obsession démographique du moment.

C'est pourquoi le « pinard patriotique » de 14-18 est un cache-malheurs. Dans sa tranchée, le poilu vigneron des deux camps sait que la bataille a ruiné des vignobles entiers et que le dévouement des anciens ou des femmes ne suffit pas à entretenir un temps et un savoir viticoles qui s'effilochent. Il boit, avec ses camarades, les douze millions d'hectolitres acheminés par quatre mille wagons-foudres pour la seule année 1917, quantité qu'il faut quadrupler si l'on prend en compte tous les belligérants. Il découvre un vin censé « ravigoter » qui est en fait bromuré, alcoolisé, chaptalisé, voire tourné et que

C'est un pays en sabots qui fait la guerre de 14-18 ; un pays qui s'éreinte pour ramasser le raisin, la châtaigne et l'olive ; un pays qui proteste – en octobre 1914, en septembre 1917 – quand il n'a plus de bras pour vendanger. Le monde de la vigne est exaspéré par les réquisitions, par la pénurie d'outils, de bouteilles, par la paperasserie fiscale. À la différence des villes, c'est un monde sans colère manifeste, sans violence de groupe, un monde du secret où le millésime « 18 » vaudra toujours plus que le « 15 ». Ci-dessus, les réserves des poilus au front.

l'on attend pourtant avec impatience, en fredonnant les couplets patriotiques et propagandistes de *L'Ode au pinard* ou de *La Madelon*. Car le vin, c'est aussi « le sang des copains », celui qu'on boit pour se donner du courage avant l'assaut, qu'on siffle à la régalade après avoir gagné cent mètres et dont on s'abrutit pendant des années pour oublier les deuils et une impossible réadaptation.

Le déluge

Le monde d'après 1918 baigne dans des flots de vin ordinaire, parfois habillé en cru classé par le prestige de l'étiquette. La production française atteint les cent millions d'hectolitres, grâce aux quinze à vingt millions venus d'outre-Méditerranée; les Américains ingurgitent trois cents millions d'hectolitres, soit une hausse de moitié, grâce aux effets de la prohibition des boissons alcooliques puisque le jus de raisin est réputé « non enivrant ». Les conséquences sont prévisibles : fabrication moins soignée, dumping des prix, contrefaçon si manifeste qu'en 1922 est fondée la première association de défense d'un vin, le châteauneuf-du-pape. La bataille des terroirs est lancée.

Au pire moment puisque la consommation se retourne après 1921-1923, chutant de 20 % en Europe avec un maigre cinquante millions d'hectolitres pour la France. Les ciseaux de

Le vin d'Algérie plaît par sa couleur, son âpreté et son prix. « Noir », il est réputé fortifiant, donc bon pour la santé et sûrement moins dangereux que l'eau « claire » porteuse de tant de maladies. « Rude », il accompagne une gastronomie épicée, aillée, oignonée, avec des fritures ou des poissons salés. « Bon marché », il se négocie entre 10 et 18 francs l'hectolitre, contre 22 à 30 pour le côtes-du-rhône.

la crise s'ouvrent et le krach de 1929 aggrave
le mouvement : la mévente exaspère les tensions
régionales, incite au protectionnisme et au repli
impérial. En 1934-1935, sont ainsi mis en service
deux bateaux-citernes, le *Bacchus* et le *Sahel*,
qui font la navette en Méditerranée et contribuent
à engorger le marché avec du vin bradé.
La contraction des ventes précipite la mobilisation
des professionnels en faveur de la qualité : de 1924
à 1933, les producteurs de chianti, rioja et douro
suivent l'exemple français, cette défense prenant
en 1935 l'aspect légal des AOC (appellation
d'origine contrôlée). Au besoin, on invente une
tradition viticole à des fins commerciales, ce que
sont la confrérie des chevaliers du Tastevin (1934),
la fête de la Saint-Vincent tournante ou la paulée de
Meursault (1925), jusqu'au lancement d'une route
touristique du Beaujolais, propice à l'ouverture
de caveaux de dégustation et à la vente directe.

Sète (ci-dessus), comme
Marseille et Toulon,
est devenue un
carrefour viticole entre
les importations
coloniales et les vins
languedociens. On y
compte un café pour
cent habitants qui
boivent cent trente
litres de vin par an en
1900 et encore cent
vingt en 1939. D'où
la prépondérance des
sociétés capitalisées
sur le littoral et des
coopératives dans
l'arrière-pays, avec
pour conséquence
l'hégémonie du vin
de consommation
courante (87 % en 1920,
75 % en 1960).

Bistro ? En langage populaire, un marchand de vin tenant un café ou un petit restaurateur. Par extension, le terme s'est appliqué au lieu, café ou restaurant modeste, mais son étymologie est inconnue. On a longtemps admis que les cosaques qui bivouaquaient sur les Champs-Élysées en 1814, trouvant le service trop lent, interpellaient les tenanciers des cafés d'un vigoureux *bistro!* qui, en russe, signifie « vite ». En réalité, l'expression n'apparaît qu'en 1884 ; Huysmans l'utilise dans sa description du quartier Saint-Séverin (1898) pour désigner l'homme et non le lieu. C'est *Chez Palmyre*, avant 1914, que Colette situe cette saynète : « Le client de la table du fond vient de payer un louis pour son poulet en cocotte. Monsieur ne voulait pas de mon menu. Monsieur se commande des plats à part ! Monsieur se croit au restaurant ! »
Le bistro, donc, se distingue moins par ce qu'il est, un lieu de convivialité, que par ce qu'il n'est pas, un restaurant. En Italie (à gauche, en bas) on chante en sifflant la fiasque de chianti ; en Hongrie (en haut), on reste couvert. Dans le Valais (Suisse), on dit d'un marginal qu'il est un « SBF » : un sans bistrot fixe !

La famine

Les années 1940 ajoutent le manque d'engrais, de verre, de soufre, d'hommes et d'argent à une décennie de marasme. La récolte française chute de 50 % en 1940 puis de 25 % les quatre années suivantes; même la paix ne ramène pas la sérénité puisque, de 1945 à 1949, les récoltes demeurent maigres. L'improvisation préside aux travaux, si bien que la mauvaise qualité des bouteilles altère les 1942 et 1943. Épuisés financièrement, beaucoup de vignerons mettent leurs vignes en sommeil, se lancent dans une activité urbaine ou arrachent leurs pieds au profit d'une polyculture de subsistance.

Quant aux effets directs de la guerre, le rationnement, la taxation, la confiscation des grands crus par les *Weinführer* entraînent une éviction de la qualité – réservée au marché noir – au profit d'une piquette titrant 7 ou 8 degrés. À cela s'ajoutent l'aryanisation de plusieurs propriétés et la mise sous séquestre des vignobles anglo-saxons. À leur retour, les prisonniers français peuvent contempler une terre désertée; les vignerons de Toscane, du Rhin ou de Moselle n'ont eux que des ruines. Avec la crise monétaire qui dure jusqu'en 1949-1951, il ne reste plus qu'à vendre les trésors épargnés aux seuls acheteurs solvables : les Américains.

Le capital du cœur

En un sens, le monde de 1914 s'est noyé dans un océan alcoolique et il a mis quarante ans à retrouver le goût du vin de qualité, jusqu'à la providentielle vendange de 1959 en Bordelais. De nouveau, un millésime exceptionnel… et abondant, à la différence de 1945, concrétise les attentes de sociétés découvrant le plaisir de consommer et les transformations de l'univers viticole. À l'origine du risorgimento, on trouve

– ce qui ne surprend plus – la peur et l'espoir mêlés. Ce sont les émigrés allemands, italiens ou russes qui, en général après un passage par la « terre promise » française – inhospitalière en ce quart de siècle –, se sont exilés en Californie dans la Napa Valley, en Australie à côté d'Adélaïde, vers l'Argentine ou l'Afrique du Sud.

Dès l'été 1940, les *Weinführer* supervisent les marchés régionaux et réservent les bons crus tricolores à l'exportation surtout, ainsi qu'à la consommation en restaurant. Cette économie de rationnement se poursuivra de 1945 à 1949 avec, cette fois, des « vins réservés aux Alliés ».

La mise sous bois, en cave, dans des barriques puissamment cerclées, la présence de foudres ouvragés selon la tradition ancienne des vignobles du Rhin, le geste emphatique du dégustateur traduisent dans ce vignoble californien de l'après-guerre la volonté de reproduire le modèle européen (ci-contre). Pendant plus d'un siècle, les producteurs des vins du Nouveau Monde ont observé les traditions viticoles avant de développer leur propre savoir-faire (double page suivante, des vignobles en Australie, à gauche, au Chili et en Afrique du Sud, à droite).

Ce sont les boys d'Eisenhower, tombés en 1943-1944 sous le charme de la Toscane et de la Champagne qui bâtissent des Beychevelle, Clos-Vougeot ou autres Castello Banfi, transforment ces « Disney-vignes » en exploitations modernes avec fermentation à basse

température et cuvaison en chêne. D'un côté, ils rêvent de reconstituer – un peu comme au cinéma – l'humidité, le décor, les manières de faire de l'Europe ; de l'autre, ils cherchent à rentabiliser des investissements sur quinze voire vingt ans, à contrôler les coûts en choisissant du chêne scandinave ou américain, à faire du profit en proposant leurs vins deux fois le prix courant.

Le défi planétaire

Pour que l'entreprise réussisse, le marché doit de nouveau basculer et privilégier l'offre de qualité à la demande courante. Opération de longue haleine dans les pays neufs et indexée autant sur l'élévation du pouvoir d'achat de consommateurs déjà aisés que sur la reconnaissance de la distinction par le vin. Entre 1965 et 1975, la superficie du vignoble californien a beau tripler, aucun déclic ne se produit. Il faut attendre la sortie du tunnel boursier comme industriel des années 1970 et le retour de l'Amérique de Reagan sur le devant de la scène internationale pour que les consommateurs découvrent le vin *made in USA*. En 1981, le vin détrône l'eau-de-vie ; dix ans plus tard, notamment grâce à la présence des bordelais, des champenois et des toscans, le goût américain fait la mode.

Sur les vieilles terres de vin, la nostalgie des Belles Époques et la tétanisation devant

le changement, volontiers assimilé au vandalisme, ont dominé jusqu'à ce qu'une évidence s'impose : la distinction naît du terroir. Les lignes Maginot des appellations contrôlées – mises au point dès 1924 en Italie, pendant les années noires de la crise en France, en Allemagne ou au Portugal – ont été remodelées pour éclaircir la forêt des appellations et des cépages, puisqu'on ne compte pas moins de onze mille huit cents châteaux bordelais. Belle occasion, à partir de 1973, pour exhumer les « vins de pays » et leurs cépages oubliés – viognier de l'Ardèche ou colombard des Landes – au nom de la célébration conjointe des « pays régionaux » et de leurs vins, blancs à 60 %, consommés une fois sur deux par des étrangers. En somme, des vins de la fidélité promus par le tourisme de masse.

Dans les nouveaux pays viticoles, comme en Californie, on a plus mis l'accent sur le cépage et sur le producteur que sur le terroir lui-même. Les techniques de vinification sont devenues une moderne alchimie qui emprunte à la technologie dernier cri (ci-dessous, à Modesto, une *wine refinery*). Une industrie viticole est née qui tranche avec l'enseigne de la Napa Valley (à gauche) : « le vin, c'est la poésie en bouteille ».

Depuis Homère et son célèbre *prammian* de Syrie (le scalo-nova du Liban), les réputations du vin sont tissées de superstitions, objets de querelles aux intérêts culturels, financiers ou médicaux. S'y ajoute la magie des noms ou des terroirs qui met les amateurs en pâmoison. Ou le vin comme une passion enivrante.

CHAPITRE 6

LES BATAILLES DU VIN

Grand-prêtre de la dégustation des prestigieux bordeaux (à gauche) ou argument publicitaire en pleine crise du phylloxéra (ci-contre), le sommelier est devenu le conseiller des gastronomes et l'indispensable intermédiaire entre le monde de la vigne et les amateurs.

La passion du classement

S'ils avaient des pieds et des mains, les vins s'étriperaient. Le constat d'Henri d'Andeli dans son poème *La Bataille des vins* (1224) s'applique aux œnophiles de tous temps et tous pays : prompts à encenser ou à exécrer, consultant leur goût jusqu'à l'ériger en système, ils parlent toujours d'un vin idéal. Leurs oracles sont pourtant attendus parce qu'ils créent des effets de mode, donc des engouements mercantiles, et qu'ils influencent l'élevage du vin, donc modifient le goût et le nez d'un flacon.

Il suffit de lire sur les étiquettes les multiples spécifications accompagnant le cru : est-ce un nom de terroir, une délimitation de vignoble ou encore, comme au XIXe siècle, « le vin fait avec le raisin sur le lieu même de sa consommation » ? Est-ce un brevet de qualité, un marqueur topographique ou le produit du savoir-faire humain ? Tout cela à la fois, alternativement (marqueur au XVIIIe siècle, qualité au XIXe, travail au XXe), voire de manière contradictoire, entre la Bourgogne et le Bordelais par exemple. Pour compliquer les choses et jusqu'aux normes officielles décrétées le 30 septembre 1949, les qualificatifs les plus divers ont été employés : « grand cru », « grand cru classé », « premier cru », « premier grand cru classé »… où l'on voit que la taxinomie du classement s'apparente au jeu des mots valises.

Alors qu'il faut attendre 1942 pour que l'État français définisse par décret le grammage et le format du papier d'étiquette, les Allemands et les Champenois utilisent déjà ce support à des fins commerciales depuis 1805-1815. Au XIXe siècle, les Bordelais, surtout les propriétaires (ci-dessus), croiraient déroger en le faisant.

Combats de plume

Le vin offre en effet aux écrivains une métaphore idéale pour évoquer la douceur de vivre ou l'âge d'or d'une civilisation. En exaltant une année remarquable, en célébrant la longévité d'un vin ou sa couleur, on impose une hiérarchie d'autant plus difficile à contester qu'elle se fonde sur la mémoire, la nostalgie, voire la culture orale. Ainsi ne savons-nous rien du falerne récolté près de Capoue sauf qu'il supportait

tous les coupages – y compris avec le miel – et qu'il s'améliorait en vieillissant. Ce fut suffisant pour qu'à l'époque mérovingienne Grégoire de Tours, notre premier historien, emploie le mot « falerne » comme synonyme de « nectar » et l'associe aux vins de Dijon, « si nobles que les habitants en dédaignent le vin de Châlons ». La magie ne semble pas dissipée si l'on en juge les réactions, en 2002, à la découverte de falernes multicentenaires dans le sud de l'Italie et aux comparaisons immédiates entre vins romain et contemporain.

Premiers critiques, les écrivains combinent richesse du vocabulaire et intentions politiques ou commerciales. La suprématie du vin blanc jusqu'à la Renaissance tient à ce qu'il est la boisson des prêtres et des princes : sa couleur – d'or pour le spolète chez Pline, d'ambre pour le beaune de Pétrarque – est associée à la distinction des buveurs, tandis que le rouge est « gros », « rude », impropre à la consommation des femmes comme des héros (Lancelot par exemple). Son goût n'est jamais analysé mais inspire des métaphores que les œnologues d'aujourd'hui ont simplement adaptées : le vin d'Auxerre qui « fait le velouset » est devenu, six siècles plus tard, « le petit Jésus en culotte de velours ». Et si, à l'époque de Philippe Auguste, les blancs capétiens acceptent de céder la primauté au vin de Chypre, référence obligée au vin de la Terre sainte, celui qui se rapprocherait du miraculeux vin

À l'origine, l'étiquette bordelaise s'inspire de la carte de visite qui glisse de l'aristocratie à la bourgeoisie. Au besoin (ci-dessous, à gauche), on s'invente une héraldique – le lion de Latour –, on rappelle ses titres de noblesse (au centre) ou on s'en invente en ajoutant un château de conte de fées (ci-dessous). La fraude d'abord, puis les exportations et le goût plus averti des consommateurs ont entraîné un remplissage de l'étiquette. Celle-ci permet d'identifier un vin et de connaître son responsable légal, c'est-à-dire celui qui l'a mis en bouteille. Cette règle ne souffre aujourd'hui aucune exception. Il existe quatre catégories de vins mentionnées sur l'étiquette : vin de table, vin de pays, appellation d'origine vin délimité de qualité supérieure (AOVDQS) et appellation d'origine contrôlée (AOC).

de Cana, certains grands crus de l'Exposition universelle de 1900 se prétendent « incomparables avec leurs rivaux… à commencer par la camelote allemande ».

Querelles de préséance

Ces chicaneries remplissent les chroniques villageoises et régionales. La controverse entre les blancs de Bourgogne et de Champagne (non traités) a nourri tant de livres depuis le Moyen Âge qu'en 1712 un éditeur parisien en publiait une anthologie, cinq fois rééditée. Au besoin, des intermédiaires intéressés s'en mêlent : en 1693, Fagon, médecin de Louis XIV, convainc le roi d'abandonner le champagne au profit du bourgogne ; mais lui qui ne jurait – comme ses confrères – que par le beaune est doublé par des courtisans adroits qui lui font adopter le nuits. Résultat : le prix du nuits double en sept ans puis encore en vingt ans.

À cela s'ajoute la rivalité entre les crus dits « nobles » et les « rustiques ». Contrairement à deux légendes tenaces, le distinguo ne repose ni sur la géographie, ni sur la naissance des propriétaires, mais sur la hiérarchie des prix. Les vins les plus onéreux se regroupant sur des terroirs voisins et leurs propriétaires appartenant souvent à l'aristocratie, l'assimilation fut faite. En particulier par les exclus qui trouvèrent là une occasion de pratiquer une contre-publicité à l'endroit du vin des bourgeois, plus tard des vins de « Parisien », d'« Américain » ou de « Japonais ». L'enjeu n'était pas mince : en 1647, les vins du haut pays, en amont de l'estuaire garonnais, se vendaient trois à cinq fois

Jusqu'au XVIIIe siècle, la brillance du vin constitue la marque de suprême distinction, digne de l'intérêt des peintres (ci-dessus). Résultat de l'action conjointe des acides et du glycérol contenus dans le flacon, elle donne cette luminosité particulière aux grands blancs du Rhin ou de Bourgogne. Dans le cas des vins rustiques, les reflets colorés s'estompent au profit d'une transparence qui a longtemps été tenue pour un gage de produit sain.

moins cher que les nobles bordeaux ; et parmi ceux-ci, les « fort excellents » palus se négociaient 15 % de plus que les graves et 35 % de mieux que les saint-émilion.

Ce qui n'interdit pas les changements de stratégie : longtemps critiques à l'égard des régions soucieuses de s'adapter au goût anglo-saxon, les vignerons des Côtes-du-Rhône ont « découvert » ses qualités après que le critique américain Robert Parker eut classé leurs vins au niveau des meilleurs.

Le goût dominant

L'avis des principaux acheteurs tend en effet à façonner le goût du moment, donc le style du vin. Ce paramètre économique complique le travail du vinificateur qui doit composer entre terroir, climat, style habituel et demande actuelle. D'où l'attention portée au marché anglais (puis anglo-saxon) qui représente, dans la longue durée, le premier débouché des exportateurs français, italiens ou allemands. Dès le Moyen Âge, l'Italien Salimbene et les Français d'Andeli ou le Clerc déguisent sous des stéréotypes chauvins cet état de fait : les Anglais ont « meilleur jugement et passion ». Certes, leur pays est « plein de tavernes », les femmes boivent autant que les hommes et l'aristocratie est remplie d'ivrognes ; en attendant, il faut leur vendre du « vin noir à la française », des « rouges [d'Italie] dignes de ces nouveaux empereurs du monde ».

On invite les négociants, on diffuse des travaux d'apparence scientifique destinés à prouver l'adéquation entre vins et goût autochtone.

Le prix des vins s'établit en fonction de leur notoriété, ou des manœuvres des concurrents : « L'usage du cépage gamay est grandement corrosif » soutiennent les échevins de Mâcon devant le conseil du Roi, en 1616. C'était au temps du beaujolais d'avant le beaujolais ! Ci-dessus, un tableau comparatif des prix courants des côtes-de-nuits et côtes-de-beaune à l'occasion de la récolte de l'an XII (1803). Les prix varient aussi en fonction de l'âge : vin de l'année, de l'année précédente, vins vieux et grands ordinaires.

En 1761, le Bourguignon Claude Arnoux édite ainsi un dictionnaire bilingue du vin accompagné de notations critiques, ce qui pousse le haut-brion et les premiers crus de Pauillac à 1 300 livres la queue. Deux siècles plus tard, les Bordelais embauchent d'anciens soldats du Débarquement pour servir d'interprète-conseiller auprès des acheteurs américains. Voilà qui rappelle l'accueil fait en 1787 à Thomas Jefferson et le succès qui en découla pour l'Yquem outre-Atlantique après une commande personnelle de cent vingt bouteilles et du triple pour le président Washington. Au besoin d'ailleurs, ces exportateurs ouvrent des succursales, ce qui permit à Pontac, Léoville, Latour et Lafite de susciter l'attention d'une aristocratie londonienne soucieuse de se distinguer du goût bourgeois pour le vin blanc puis de profiter d'une aubaine spéculative.

Un drôle de classement

Ainsi pas plus Napoléon III que les Bordelais n'ont « inventé » le classement des vins. Mais par son ampleur, ses conséquences commerciales et

L'ouverture des bouteilles en cave, si possible chez le vigneron, le nez, la dégustation, les appréciations et le prix : telles sont les étapes du jugement des amateurs (ci-dessus par Frederick William, en 1947). Rituel social au XVIIIe siècle sous l'impulsion du Tout-Londres aristocratique, financier et intellectuel, cette cérémonie s'est professionnalisée dans les années 1950 avec l'apparition des « experts », écoutés aujourd'hui comme des analystes financiers et des fabricants de goût, au point d'uniformiser la production de certains terroirs.

sa notoriété jusqu'à nos jours, celui-ci
est révéré comme les Tables de la Loi.
On a notamment oublié que l'empereur
avait demandé le même exercice à chaque
région viticole à la veille de l'Exposition
universelle de 1855. En Bordelais,
les courtiers furent chargés de la tâche et
même s'ils présentèrent les appellations
communales sans désignation de cru,
ni de propriétaire, « afin d'éviter toute
concurrence individuelle et toute lutte d'amour-
propre », le classement eut exactement l'effet
inverse. La Cour de cassation eut beau tenter,
en 1870, de limiter la portée de ces hiérarchies
« purement privées [et] dépourvues de valeurs
juridiques », l'obsession du classement était dans
tous les esprits et la multiplication des guides ou
des magazines spécialisés à partir des années 1980
n'a fait qu'accentuer le phénomène. On en veut
pour preuve l'obstination du baron Philippe
de Rothschild à obtenir, en 1973, l'intégration
du Mouton-Rothschild parmi les premiers crus,
au motif qu'un changement de propriétaire
aurait empêché celle-ci

Installé depuis 1922
à la tête de Mouton,
Philippe de Rothschild,
soutenu par les quatre
premiers crus classés
en 1855, impose la
« mise en bouteille
au château ». Reste à
en faire un argument
commercial, en jouant
sur la mention
sur l'étiquette,
et en l'associant
à la modernité d'un
graphisme symbolique
de Jean Carlu
(ci-dessus).

cent vingt ans auparavant. Ou encore le combat mené par les vins de Graves, classés en 1959, et ceux de Saint-Émilion, classés en 1955 et autorisés depuis 1985 à réviser leur liste tous les dix ans. Quant aux exclus du palmarès, les pomerols qui se coupaient mal, voyageaient moins bien et semblaient peu prisés des Anglais, ils avancèrent que « leur grandeur supportait toute comparaison », ce que la suite devait vérifier. Comme quoi la vérité viticole révélée n'existe pas.

Du gouvernement des vins

Jean-Antoine Chaptal, comte de Chanteloup (1756-1832), à la fois chimiste et homme politique, ministre de l'Intérieur sous le Consulat de 1800 à 1804, et fondateur de l'École des arts et métiers, fut l'un des premiers à décrire avec précision la fermentation dans son *Art de faire, de gouverner et de perfectionner les vins* (1801) et à codifier ce que les vignerons de Sainte-Foy pratiquaient déjà depuis

Les planches du chapitre « Économie rustique » de l'*Encyclopédie* de Diderot et d'Alembert consacrées à la vigne sont au nombre de cinq. Deux concernent la culture de la vigne, sa plantation, sa taille, les outils du vigneron et les diverses manières de lier la vigne aux échalas. Les trois autres sont consacrées aux pressoirs : pressoir à cage, pressoir à étiquet et grand pressoir à double coffre (ci-dessous), avec les instruments utilisés : masse, maillet, pelle, grappin, pioche et fûts.

un siècle : l'enrichissement des moûts par le sucre. L'ajout de dix-sept grammes de sucre à un litre de moût accroît d'un degré le vin résultant de cette manipulation. On comprend pourquoi cette pratique a été interdite dans les vignobles méridionaux ensoleillés, aux vins puissants, et autorisée dans les seules régions septentrionales, à condition de ne pas excéder deux degrés. Elle doit faire l'objet d'une déclaration préalable à la Direction générale des douanes et des droits indirects, prétexte idéal à une nouvelle querelle Nord-Sud autour de 1907 quand ceux d'en haut veulent taxer le sucre de betterave quatre fois moins que ceux du sud de la Loire. Aujourd'hui, les bons vignerons admettent de chaptaliser lorsque les conditions climatiques l'exigent, mais jamais pour compenser la faiblesse en alcool due à des rendements excessifs ou à une vendange prématurée.

CHAPTAL

Le renouveau de l'ampélographie

À cette même époque impériale, on se préoccupe de nouveau de l'étude et de la description des cépages, l'ampélographie. Les auteurs de l'Antiquité, Pline l'Ancien et Columelle, avaient déjà consigné les observations de leurs contemporains sur les différences entre les cépages, mais celles-ci se limitaient à quatre plants locaux et à autant d'étrangers, mal décrits. En dépit des tentatives de Charles Estienne (1537) et de Bruyerin Champier (1560), médecin de François Ier, les traités de vinification, y compris l'*Encyclopédie* de Diderot et d'Alembert, ne s'étaient que rarement penchés sur la question, à l'exception de l'abbé Rozier qui, en 1780, avait rassemblé près de Béziers tous les cépages connus, posant les principes de l'ampélométrie moderne. Vers 1805, on dresse la fiche d'identité de chaque cépage en relevant l'aspect des bourgeons et des inflorescences,

Chaptal, auteur de *La Chimie appliquée aux arts*, n'est pas le premier à appliquer la chimie au vin. Dans l'*Encyclopédie* déjà, on peut trouver une : « méthode de colorer, sans employer d'autres vins, les vins blancs en vins rouges [...]. Prenez quatre onces de ce qu'on appelle communément drapeau de tournesol ; mettez-les dans un vaisseau de terre, versez dessus une pinte d'eau bouillante [...] en mêlant une petite portion de cette liqueur dans une grande quantité de vin blanc, elle lui communiquera une belle couleur rouge brillante. »

la texture, l'échancrure, la couleur des feuilles et la forme du sinus, la nature des rameaux et des sarments, la forme et la couleur des grappes et des baies. Entre 1820 et 1830, Louis Bouschet se livre à des essais de culture comparative et d'assemblage de différents cépages, dont il note la couleur, le rendement et la finesse. Son fils poursuit les recherches, accélérées par la crise du phylloxéra.

La révolution pasteurienne

La connaissance accrue de l'encépagement va de pair avec l'observation de plus en plus fine, mais toujours empirique, des procédés de vinification. Il en est ainsi jusqu'aux travaux de Pasteur qui, en 1863, observe la formation de fleurs sur des tonneaux insuffisamment remplis destinés à produire le vin jaune à Arbois. Le microscope révèle la profusion des germes et Pasteur distingue, dans la fermentation alcoolique, l'action des bonnes levures de celle des fermentations bactériennes nuisibles provoquées par un contact prolongé entre le vin et l'oxygène de l'air. Toute la question est de trouver la bonne température pour se débarrasser des bactéries et

Les travaux de Pasteur (ci-dessus) sur la dissymétrie moléculaire, en 1847, le conduisent, entre 1855 et 1857 à observer que la fermentation est un principe vivant et qu'à chaque fermentation correspond un ferment. « La génération spontanée est une chimère », affirme-t-il, avant de poursuivre ses travaux sur le vin mais aussi la bière et le vinaigre.

favoriser l'épanouissement des levures dont l'activité idéale se déploie entre 18 et 25 °C, ce que Pasteur obtint par un bain-marie. La pasteurisation viticole rencontra alors un succès mitigé car elle faisait mal le distinguo entre ces micro-organismes. Un procédé de « flash-pasteurisation » est toutefois encore utilisé, mais n'est pas appliqué aux vins de qualité. Pasteur aura toutefois fait faire un grand pas dans la connaissance des phénomènes de la fermentation, avant que l'on découvre les vertus du sulfitage (traitement au soufre).

Le phylloxéra est un puceron, connu aux États-Unis, arrivé en Europe à cause du gain du temps sur le trajet transatlantique dû à la vapeur. Il se propage à la fois selon un cycle aérien (gallicole) en détruisant les feuilles, et souterrain (radicole)

La bataille du phylloxéra

Le phylloxéra a été identifié pour la première fois en 1864 dans un vignoble de Pujaut (Gard). La mobilisation fut générale : pour conjurer le mauvais sort, on appela même à la rescousse les recettes médiévales en proposant d'enfouir un crapaud, symbole diabolique de la gloutonnerie ; la France lança, sans succès, un concours scientifique doté de 300 000 francs-or ; seuls les bains de sulfocarbonate de sodium protégeaient les pieds, mais leur coût les réservait aux grands crus.

PHYLLOXERA VASTATRIX. (Planchon)

Résistant à tous les insecticides et à la bénédiction d'eau de Lourdes dans le Médoc, le puceron a mis trente ans à détruire les 2 500 000 hectares du vignoble français et la plupart des autres vignobles européens. On a cru un moment avoir trouvé la panacée avec l'importation de cépages américains qui résistaient au phylloxéra puisque la bestiole appartenait à leur environnement historique et qu'ils avaient fabriqué des défenses. Mais leur acclimatation se révéla impossible ; les vins développaient un goût foxé (de *fox*, renard en anglais). On trancha en faveur de l'utilisation d'un porte-greffe américain, donc résistant, auxquels furent associés les différents cépages de *Vitis vinifera*. En France, quelques vignobles ont échappé à la catastrophe ou réussi

en attaquant les racines dont les tubérosités se nécrosent bientôt en pourriture, provoquant, en deux ou trois ans, la mort de la plante.

à prolonger la vie de leurs cépages anciens : le minuscule domaine de la Romanée-Conti jusqu'en 1950, quelques ares de cépage romorantin en Sologne, les vieilles vignes de la maison Bollinger en Champagne, et les vignobles du cordon littoral sablonneux de la Camargue (domaine de Listel) car le puceron ne peut se développer dans le sable.

Le cuvier de Mouton est l'un des rares cuviers en bois du Médoc. Il est composé de vingt-sept cuves en chêne, de deux cent vingt-cinq hectolitres chacune, qui sont remplacées tous les

La bataille des saveurs

« La moralité est tombée si bas, constatait Pline l'Ancien, que l'on ne vend plus que les noms des crus et que la récolte est frelatée dès la cuve. » Rude contraste avec l'idée communément admise selon laquelle chacun n'aurait à l'esprit que la recherche de la qualité. Mais qu'est-ce que la qualité quand des décennies de pratiques agricoles ont malmené les sols, quand la technologie s'emploie à recréer artificiellement des goûts autrefois naturels à l'aide d'adjuvants, d'édulcorants, ou de copeaux de bois pour accentuer le boisé qui plaît tant outre-Atlantique depuis une décennie ? Les mutations technologiques du secteur agro-alimentaire ont modifié nos repères gustatifs. Trois années suffisent, là où il fallait sept ou huit ans, pour fondre les

trente à quarante ans. Dans le Médoc, à Saint-Julien, les cuviers des châteaux Langoa et Léoville-Barton (second cru classé) sont dotés d'un système de thermorégulation. Au château Cissac (cru bourgeois), le cuvier en bois a été construit il y a cent vingt ans. La Bourgogne n'est pas en reste, et la très belle cuverie du château Grancey construite en 1834 (domaine Louis Latour à Aloxe-Corton) – plusieurs dizaines de cuves en chêne – est toujours en activité.

tannins de tel ou tel cru réputé. Les œnologues se plaisent à dire que l'on n'a jamais fait d'aussi bons vins ; mais ceux-ci sont-ils plus intéressants aujourd'hui dans leur régularité, qu'hier dans leur singularité ? L'emploi des « vins médecins » (autrefois hermitage ou chateauneuf) est remplacé par des techniques de chauffage de la récolte, de boisage intempestif bien que les macérations de bois soient interdites, d'augmentation des rendements et de l'extraction, ou par l'utilisation – en principe également prohibée – d'arômes de synthèse.

Le meilleur moût laissé sans contrôle ne tarde pas à tourner au vinaigre. On pratique aujourd'hui des techniques d'extraction fractionnées du moût et un strict contrôle de

Savoir « donner du gras »

Sans doute les critères de la dégustation étaient-ils autrefois moins conditionnés par l'influence de la maturité des raisins, par la régulation des températures de fermentation, ou la faible acidité qui fragilise le vin. Dans le même temps, l'évolution des prix à l'hectare a entraîné le doublement des volumes et le recours à des méthodes culturales ou de vinification contestables, comme le levurage exogène – le fameux « goût de banane ou de fraise » de certains beaujolais –, qui amoindrissent l'expression des terroirs. On ne peut produire le même vin aujourd'hui avec un rendement de soixante hectolitres à l'hectare, qu'hier avec trente-cinq, même si l'on a appris à « donner du gras » et à augmenter le potentiel de sucre. La sélection clonale (ou génétique) donne du degré, mais rarement les extraits secs et les arômes qui caractérisent une bonne bouteille. C'est aussi le problème des « vins de garage » appelés ainsi parce qu'ils ne concernent que des petites parcelles ne nécessitant pas de grandes installations, mais sont soumis à des méthodes d'extraction qui en exagèrent le caractère.

l'activité bactérienne jusqu'à la stabilisation du produit. Ainsi dans le Médoc, pour le cépage cabernet sauvignon, on sépare d'abord le grain de la rafle. Les deux fermentations sont alors conduites sous températures strictement contrôlées, avec des durées longues, inusitées autrefois, pour dissoudre les flaveurs et les principes aromatiques contenus dans les raisins. Ci-dessus, le laboratoire œnologique de Banyuls.

Il y a les grands vins reconnus des critiques et des marchands, prix d'excellence à tous les sens; il y a les vins de l'amateur qu'on ouvre par hasard, par tradition ou dans ses rêves; il y a les vins dont le nom seul déclenche les sens et la parole. Voici, pêchés dans l'antre des caves de la maison Nicolas, place de la Madeleine, dix vins et un champagne qui conduisent au bord de l'extase et que l'on peut boire aujourd'hui. Des vins rouges de Bordeaux : Petrus 1978 (pomerol), château Mouton-Rothschild 1970 et château Latour 1966 (pauillac) en magnums; des vins rouges de Bourgogne : Richebourg 1970 et Romanée-Conti 1961 (côtes-de-nuits); un châteauneuf-du-pape : château Rayas 1985. Pour les blancs : bâtard-montrachet d'Étienne Sauzet, 1988; château d'Yquem 1953 (sauternes); château du Breuil 1928 (beaulieu, coteaux du Layon); château-Châlon 1949 (vin jaune). Le champagne enfin : Moët et Chandon, cuvée Dom Pérignon 1992 (rosé).

La spéculation s'est emparée de ces vins, dont quelques-uns sont en effet d'exceptionnelles réussites, comme château Le Pin ou Valandraud à Saint-Émilion. Mais, même si l'on considère que le vin c'est avant tout de l'eau, des extraits secs et des arômes, un grand vin ne saurait être ni une denrée industrielle, ni un produit artificiellement forcé.

Au bonheur du vin

La rencontre avec une grande bouteille est toujours un don consenti, un merveilleux hasard. En parler requiert l'émotion du souvenir, l'accord gourmand, si rare et si présent, sauf à se contenter du langage fleuri des sommeliers. Il n'est pour évoquer une grande bouteille qu'un langage de passion égale à celle qui l'a nourrie, élevée, amenée à cet état de grâce où la dégustation se mue en chaleur, aidée par les secrets tannins qui en bâtissent la charpente. Parler du vin, c'est parler de ses passions. Elles sont le jardin secret de nos vies et se referment sur elles. À défaut, on se borne à ne vanter que les mérites d'un terroir.

Au domaine de la Romanée-Conti, avant 1945, on enterrait un pied sain en laissant juste apparaître deux sarments qui donnaient naissance à deux ceps nouveaux. Lors de la reconstitution du vignoble au lendemain de la guerre, les vignerons notèrent que les racines formaient un paillis d'un mètre d'épaisseur. C'est dans ce « mulch » associé au terroir que les nouvelles vignes ont puisé le caractère unique de ce vin autant que par le façonnage constant du vigneron. Le vignoble couvre une surface d'un hectare, quatre-vingts ares, cinquante centiares. Il suffit d'ouvrir une Romanée-Conti 1961 ;

Éternelle querelle entre ceux qui, tel Roger Dion, pape de l'histoire viticole, limitent le rôle du terrain « à celui de la matière dans l'élaboration d'une œuvre d'art », et les partisans du terroir estimant que les mérites imputables au seul vigneron ne représentent qu'un infime pourcentage des conditions nécessaires à l'élaboration d'un vin de qualité. La vérité est probablement à mi-chemin : « Ce qui fait de la production des grands vins un art, c'est l'extraordinaire mariage du génie de certains lieux avec le talent, non pas d'un homme, mais de vingt ou trente générations d'hommes », confie Aubert de Villaine qui dirige le domaine de la Romanée-Conti. Chaque génération, chaque année exprime avec les moyens de l'époque une invariable certitude : « Il n'y a pas de vérité dans le terroir, mais celui-ci ne peut s'exprimer dans le vin qu'à travers une philosophie qui possède, elle, sa propre vérité. »

ROMANÉE
CONTI

le millésime donne encore cette vibration, ce nez suave de fumé, de cuir, qui se mêle au souvenir des fruits rouges et au parfum de rose enfermés dans cette bouteille au temps de sa jeunesse par un maître de chai dont le fils, quarante ans plus tard, ôte avec respect la capsule et fait glisser délicatement le bouchon...

TÉMOIGNAGES ET DOCUMENTS

Sur les routes de France...

Les amateurs ont coutume de dire que le vin est l'œuvre conjointe d'un fou, vigneron, d'un artiste, viticulteur, et d'un passionné, buveur. La meilleure façon de vérifier la pertinence du propos est d'aller déguster sur place, au gré des parcours que nous avons composés.

Le long de la via Domitia

La province romaine de la Gaule transalpine, qui ne prit le nom de Narbonnaise qu'en 22 avant J.-C., s'étendait des Alpes aux Pyrénées, de la Méditerranée au Léman, aux Cévennes et à la montagne Noire.

Venant d'Espagne, la via Domitia franchit les Pyrénées au col de Panissars, près du Perthus, traverse le Roussillon, le Languedoc, franchit le Rhône et suit la vallée de la Durance jusqu'au mont Genèvre. Elle traverse d'abord Narbonne, première ville fondée par les Romains en Gaule, longe l'oppidum d'Ensérune. Les vestiges d'un relais sont encore visibles à Ambrussum. Les principales étapes sont ensuite Nîmes, la grande cité gallo-romaine, et Beaucaire, où le mas des Tourelles conserve de nombreux vestiges, en même temps que la reconstitution d'un pressoir romain et d'une installation vinicole spectaculaires. Cette route construite en 118 avant J.-C. ne doit rien évidemment à l'empereur Domitien, mais porte le nom de celui qui en décida la construction, Cneius Domitius Aenobarbus, consul en 122.

Ici, la vigne et l'olivier qui trouvent leur plein épanouissement écologique furent développés dès l'époque romaine. L'habitat rural est héritier des fameuses *villae*, sortes de PME où tout se faisait autour de la production agricole, avec fours à poterie et production d'amphores. Le tonneau gaulois vint plus tard du pays des Allobroges. Ce sont aujourd'hui les grands mas viticoles du pays d'Oc entre Montpellier, Béziers et la mer.

De Narbonne à Beaucaire, des contreforts méridionaux du Massif central à la Méditerranée s'étend un vignoble de masse, développé dans le temps de la longue durée, puis relancé dès 1860 grâce au chemin de fer. Le train obligeait ces campagnes issues d'un millénaire de culture viticole latine, sous un climat propice, à recomposer la terre, à améliorer l'encépagement pour un nouvel usage. L'épidémie concomitante du phylloxéra, qui prit naissance dans le Gard, fit monter les prix. La tragédie des émeutes du vin de 1907, l'évolution trop rapide du vignoble languedocien

Vignoble de Saint-Chinian (Hérault).

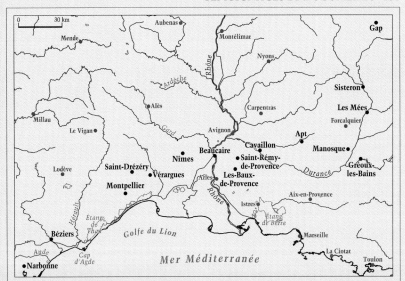

provoqua une crise aiguë, une véritable «jacquerie» en Languedoc, dans l'Hérault et une partie du Gard.

Aujourd'hui, le Languedoc se cherche. De plus en plus nombreux, les viticulteurs jouent le jeu de la qualité, défendent l'idée d'une grande appellation régionale obéissant aux règles de délimitation, d'encépagement, de rendement limité, de degré alcoolique maîtrisé. L'on note aussi, dans ces terroirs d'avenir, une évolution vers les vins de cépage, comme dans l'hémisphère austral, et l'on voit même apparaître chez les vignerons indépendants ou créatifs l'usage transplanté des cépages bordelais, et celui du chardonnay. Cela signifie qu'en Languedoc les jeux sont ouverts : les uns vont vers le marché, les autres se tournent vers l'indispensable qualité. Sans elle également, point de vente. Ici la vigne occupe le vigneron toute l'année. Pas d'arrosage, ni d'irrigation – la vigne ne le supporte pas –, mais la taille savante, le labour pénible en pente, le sulfatage modéré contre le mildiou. L'oïdium parfois nécessite d'autres traitements. Le travail au cellier est permanent, l'entretien des cuves, de la cave, des outils de transport du raisin. Ici la vendange est l'apogée de l'année; d'elle dépend, selon le temps, la prospérité ou bien l'endettement. Cela a toujours été ainsi. Vigneron est un métier à risques.

Les coteaux du Languedoc au nord de Montpellier sont connus par les crus de Pic-Saint-Loup, Saint-Drézéry, les coteaux de Vérargues. Le caractère de la garrigue aux sols de grèses, cailloutis calcaires éclatés, éboulis, cailloux de rivières, est propice aux cépages anciens, greffés sur plants américains. Les AOC remarquables sont les saint-chinian, rouges robustes et fins ; les faugères, rouges charnus colorés ; la clairette de Languedoc, blanc très typé, les costières de Nîmes dans les trois couleurs, renommés, aromatiques et floraux. Vignobles plantés avec persévérance de classiques cépages : carignan, grenache, cinsaut, syrah, mourvèdre. Ils donnent depuis des générations des vins rouges généreux sur les sols schisteux, ou bien ronds et fruités sur les sols calcaires.

La via Domitia franchit le Rhône à hauteur de Beaucaire, gagne Ernaginum, puis Glanum (Saint-Rémy-de-Provence), ensuite Cavaillon, Apt, Sisteron, Gap et Briançon. À l'est du Rhône, la voie traverse successivement le vignoble des Baux-de-Provence, en plein renouveau, longe les vignobles du Lubéron, qui connaissent une embellie, et traverse près de Gréoux-les-Bains et de Manosque l'appellation AOVDQS coteaux de Pierrevert, vignoble confidentiel de 265 hectares, dominé par les rouges (carignan, cinsault, grenache, mourvèdre, œillade, petite syrah, terret) et les rosés, vifs et frais. Le vin des Mées (cépage bouteillan), à proximité du pont romain de Ganagobie, terroir le plus septentrional de la Provence intérieure, avait acquis une bonne réputation pour un vin des hautes terres.

La Loire

Vue de loin, la Loire est une anomalie viticole. Une région qui n'existe pas; des terroirs extrêmement différents, répartis en vignobles petits et morcelés où affleurent ici le calcaire, là l'argile, plus loin le schiste; des vignes plantées le long d'une plaine alluviale comme sur les coteaux, voire les plateaux; un climat septentrional pour une telle culture qui garantit l'irrégularité des productions; une propension épisodique à «faire pisser» la vigne et à produire des vins de soif. Bref, tout ce qu'il faut pour dérouter l'amateur. Et pourtant, s'il fallait illustrer ce cliché culturel, l'exception française, c'est peut-être là que nous élirions domicile. Ouvrir un vouvray ou un

jasnières vénérable, mettre le nez dans un chinon ou un bourgueil de dix ans, lamper un sancerre blanc de quinze ans et se retrouver au cœur d'une botte de foin ou d'un saint-maur, c'est participer à un plaisir rare et, à peu près abordable.

Parmi les dizaines de parcours au sein de ce jardin viticole, nous avons retenu celui qui révèle précisément ce talent de bons «jardiniers-vignerons» habiles à maîtriser un cépage somptueux ici : le chenin. Non que l'on dédaigne le sauvignon (allez à Quincy, à Reuilly ou plus modestement à Cheverny ou Oisly et vous trouverez aussi du plaisir), voire le muscadet (autour de Vallet

Vignoble de Sancerre (Cher).

plutôt) ou l'admirable cabernet franc de Chinon et Bourgueil. Mais s'il existe une alchimie ligérienne, elle s'opère entre le fleuve et ce cépage-là.

Le chenin, ça peut donner un coup de poing à l'estomac comme dévaler dans le gosier à la manière d'un sirop. Pour s'en convaincre, il suffit d'ouvrir un savennières (en aval d'Angers) de cinq ans et un de vingt ans. Ici, ne vous encombrez pas de toutes les gloses sur telle ou telle façon de faire le vin, astuces de bons commerçants, et ne cédez pas forcément au prestige des sous-appellations. Suivez votre palais et tout

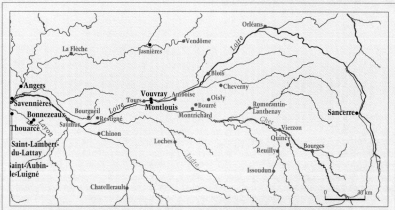

ira bien. De l'autre côté du fleuve, le long d'un invisible affluent, le Layon, vous avez le choix entre trois niveaux d'un vin moelleux qui devient remarquable en vieillissant ; le quart-de-chaume (par exemple château Soucherie) à l'est de Saint-Aubin-de-Luigné; les coteaux du Layon autour de Saint-Lambert-du-Lattay (domaine Ogereau); l'exceptionnel bonnezeaux à côté de Thouarcé (domaine de la Savonnière).

Après un passage par le saumur pétillant, on arrive à hauteur de Vouvray et de Montlouis, juste en amont d'Amboise. Ici, le chenin devient presque diaphane; il livre un arôme de miel équilibré par une pointe (plus ou moins longue et durable) d'acidité. Entre ces deux rivaux de Loire, l'ensoleillement et le terroir, moins sablonneux, favorisent le vouvray. On le consomme souvent demi-sec, voire sec-tendre, mais notre préférence va au sec, vieilli au moins dix ans pour les impatients et trente pour les connaisseurs. Si l'on ne saurait se dispenser d'une visite à l'empereur de Vouvray, Huet, on puisera aussi avec bonheur parmi les trois vins du prince Poniatowski, voire dans la cuvée silex de Bernard Fouquet.

En Basse-Bourgogne : Irancy, Coulanges, Épineuil et Chablis

Au sud d'Auxerre, à la perpendiculaire de la vallée de l'Yonne, sur un ensemble de collines argilo-calcaires, sont produits des vins issus du cépage pinot noir de Bourgogne, qui ont droit à l'appellation bourgogne AOC. C'est le vignoble peu connu de la Basse-Bourgogne. Depuis l'an mil, sous la tutelle des grands monastères de Cluny et de Cîteaux, chaque nouvelle plantation est sélectionnée à partir d'une souche mère, et, à chaque bouturage, le plant devient différent selon les lois de la nature. La localisation, le sol, l'exposition et le microclimat feront le reste. Toujours semblables, toujours divers, et la finesse du vin vient de l'anatomie différenciée des baies de raisins. Saveur et bouquet tiennent ensemble à ces différences, qui les font varier, miroiter et s'unir dans le verre. Le pinot est le grand cépage des collines de Bourgogne, jusqu'aux marches de la région, jusqu'aux Riceys, quasi-champenois. Un cépage admirable qui épouse les qualités de la terre, s'il est bien conduit, par taille, fumage, soins, égrappage. Des villages de Basse-Bourgogne peuvent adjoindre

Vignoble d'Irancy (Yonne).

à l'appellation AOC leur nom sur l'étiquette. Ainsi de cette production d'Irancy, vignoble monacal, qui date du XIe siècle, sur sol calcaire kimméridgien et cépage pinot noir et césar. Celle de Coulanges-la-Vineuse, au vignoble ancien, qui cultive le cépage pinot noir au milieu des cerisiers, ce qui donne un fruité irrésistible, de temps à autre… comme les récoltes de cerises. D'autres lieux-dits fournissent un vin blanc, tel Chitry. C'est alors le bourgogne aligoté. À Saint-Bris, c'est le sauvignon. Au cœur du Tonnerois, le vignoble datant du XIIIe siècle bénéficie du renouveau d'un terroir ancien, autour de l'abbaye d'Épineuil. C'est le bourgogne-épineuil AOC.

Chablis, c'est un nom de production viticole commun à vingt villages. C'est aussi l'un des noms de vin blanc les plus connus du monde. Le cépage est le chardonnay qui pousse sur un sol argilo-calcaire, également kimméridgien, criblé de petits fossiles : situation géologique commune à celle de Sancerre et de Pouilly-sur-Loire. Le chablis, vin choyé de l'ancienne abbaye de Pontigny, est planté de part et d'autre de la rivière Serein. Quatre AOC distinguent ces vins blancs : petit chablis, chablis, chablis premier cru et chablis grand cru. Ces vins vieillissent et sont vins de garde.

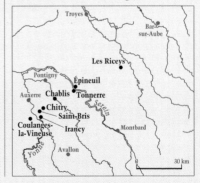

Bordelais : l'Entre-Deux-Mers

On a l'impression d'une viticulture en damiers et pourtant, on parcourt les terres du plus grand vignoble d'appellation contrôlée du monde, étendu sur 58 500 hectares – soit plus de la moitié du vignoble bordelais. Cette importance s'explique par la qualité polyvalente du terroir qui permet de produire blanc comme rouge, voire rosé (à Château-de-Sours). L'Entre-Deux-Mers est le repaire historique d'une petite viticulture, longtemps considérée comme un appoint à côté des arbres fruitiers et d'une polyculture de subsistance ou de maraîchage, toutes ces productions ayant pour émissaire économique naturel Bordeaux. Longtemps adonnée aux cépages sauvignon ou sémillon, la région s'est spécialisée dans des blancs qui ne méritaient guère de passer à la postérité. Ils étaient souvent servis glacés et en accompagnement des fruits de mer du bassin d'Arcachon, plutôt pour leur astringence ou encore parce que les stéréotypes du goût associent volontiers «petit blanc sec» et coquillages. On se doute que le surnom gagné par ces vins, «entre-deux-huîtres», n'était pas spécialement louangeur.

L'encombrement et les prix de la rive gauche et du sud d'une part, la création d'un syndicat viticole régional de l'autre, ont modifié la donne. On en veut pour preuve, en 1998, la création d'une «Maison des bordeaux», entre Beychac et Caillau, sur la route de Libourne; rebaptisée «Planète Bordeaux» à des fins touristico-commerciales, elle illustre la revitalisation d'une région.

Parmi les centaines de châteaux et les domaines que se partagent 7 500 viticulteurs, nous avons retenu trois itinéraires. Le premier suit la Dordogne de Saint-Jean-de-Blaignac à Lignan-de-

Vignoble de Fronsac (Gironde).

Bordeaux. On y signalera, à Grézillac, le château Bonnet appartenant à une figure bordelaise, André Lurton; à Saint-Quentin-de-Baron, les châteaux de Sours et Ballestro; à Lorient, le château Le Grand Verdus.

Le deuxième itinéraire est parallèle à la Garonne, du château Malromé (appellation côtes de bordeaux-saint-macaire) au château de Haux. Si l'on peut se dispenser d'explorer le triangle Soulignac, Saint-Pierre-de-Bat, Broussey, on conseillera de pousser une pointe du côté de Haux, à la confluence de trois appellations : entre-deux-mers, haut-benauge et premières côtes de bordeaux. En raison d'un terroir plus argileux et de méthodes privilégiant la concentration

des goûts, ces vins (par exemple Clos Chaumont ou Grand Mouëys) plairont aux amateurs de millésimes à boire jeune, au goût boisé et fruité.

Enfin, le troisième itinéraire est autant historique qu'œnologique puisqu'il invite à prendre le chemin des bastides, de Sauveterre-de-Guyenne à Rauzan (au nord) et à La Réole (au sud), sur la Garonne. Les vins y sont moins flatteurs, encore qu'honorables (Domaine Bouillerot), mais on défie quiconque de ne pas céder au charme d'une halte vigneronne du côté des Esseintes ou de Saint-Exupéry, en levant son verre aux coïncidences qui passionnaient précisément le héros de Huysmans.

Un millier de châteaux ou domaines modestes, dont beaucoup sont ouverts à la visite et à la clientèle particulière – à la différence de ceux du Médoc – produisent les fameux «petits bordeaux», rouges, blancs et clairet. Dans un triangle formé à l'ouest depuis la capitale girondine, vers La Réole et Sainte-Foy-la-Grande, ce ne sont que petites églises romanes, moulins, tuileries artisanales et lieux de promenade dans une campagne apaisée. Bagas et son haut massif de maçonnerie fortifié est un ancien moulin bénédictin. L'Entre-Deux-Mers offre une mosaïque formée de tessères variées, petites ou grandes, ornées de forêts, de friches et d'anciens champarts. La vigne, lâche dans le paysage, est dispersée et entrecoupée de labours, de pâtis, de boqueteaux.

Les vins de Savoie

Les vins de Savoie sont méconnus ; c'est le paradoxe de la plus jeune région rattachée à la France après le traité de Turin (1860) dont le vignoble est antérieur à la colonisation romaine. Au Ier siècle de notre ère, Pline l'Ancien

Vignoble de Combe-de-Savoie (Savoie).

mentionne non seulement le vignoble alpin, mais décrit encore l'habitude des autochtones – les Allobroges – de placer leur vin dans des «tonneaux de bois cerclés» et d'allumer des feux l'hiver pour l'empêcher de geler. Ce vignoble historique s'est développé au sud du lac Léman, puis du Rhône jusqu'au lac du Bourget. Au Moyen Âge, le vignoble suit la route des Abbayes puis se démocratise aux XVIIIe et XIXe siècles, s'élevant en altitude mais pas toujours en qualité. La vie montagnarde incite à l'autarcie; faire son vin, après la première annexion par la France en 1792, c'est se prémunir contre d'éventuelles représailles. Et le retour à l'ordre du Piémont, en 1815, n'empêche pas les populations locales d'écouler la quasi-totalité d'une production qui représente 12 700 hectares en culture à la fin du siècle, avant que le phylloxéra ne se charge de ramener le vignoble à la portion congrue. Actuellement, la superficie en exploitation est d'environ 2 000 hectares.

Les rouges et les blancs voisinent en Savoie, tandis que les crus haut-savoyards sont uniquement des blancs produits à flanc de montagnes exposées au soleil, à une altitude de 200 à 450 mètres. Les lacs Léman et du Bourget, où se trouvent les principaux vignobles, ont un rôle favorable pour la vigne, mais c'est surtout du relief très accidenté et des nombreux microclimats qu'il engendre, d'une vallée ou d'un versant à l'autre, que le vin de Savoie tire ses nombreuses nuances. C'est parce que les raisins d'Apremont mûrissent à l'ombre et ceux d'Abymes au soleil, que le premier est toujours un peu vif et le second plus tendre, disaient les anciens. Les sols de Savoie, argileux et calcaires, mêlés d'éboulis glaciaires, ajoutent une touche à ce terroir bien particulier. Les deux plus anciennes appellations contrôlées sont le crépy, de la région de Douvaine, sur la rive sud du Léman où domine la jacquère, un cépage qui donne des vins légers et délicats, et la roussette qui a établi ses quartiers plus au sud, à Seyssel, près de Chambéry.

L'AOC «vins de Savoie» (1973) est morcelée, avec 17 crus différents. L'encépagement est acclimaté aux écarts de température, la jacquère (blanc) est le plus répandu, avec l'altesse ou roussette, unique cépage de Seyssel dont un curé savoyard, saisissant une bouteille, avait pour habitude de dire : «La sœur qu'on

verse.» Cette innocente plaisanterie ecclésiastique n'éclaire pas l'origine de ce cépage dont la teinte rougeâtre l'apparente au furmint (tokay de Hongrie). Le gringet, qui prospère vers Ayze, variante savoyarde du cépage savagnin (Jura), aurait été, si l'on en croit la tradition, amené du Levant par les Croisés. Est-ce aussi l'origine de la mondeuse – un cépage rouge particulièrement typique – que certains travaux ampélographiques récents rapprochent de la syrah, qui pourrait avoir une origine orientale, comme le persan? Plus mystérieux et rare est le joubertin, tandis que gamay et pinot noir sont présents pour des raisons de bon voisinage avec le Beaujolais et la Bourgogne. N'oublions pas le chasselas qui, à l'instar de la Suisse voisine, donne le fendant. Il prospère modérément sur les bords du Léman.

La mondeuse était le cépage rouge le plus important de cette région, avant la crise phylloxérique. Il représente la tradition piémontaise quand les vins blancs s'apparentent plutôt à la production du Valais (Suisse). Connue dans le Frioul sous le nom de *refosco*, la mondeuse donne un vin de cépage apprécié. Sa réhabilitation, en France, a été amorcée dans les années 1980. C'est un cépage difficile, irrégulier, capricieux, mais dont la robustesse peut être maîtrisée par le passage en fût qui donne tout son sens au travail du vigneron. Dans sa jeunesse, la mondeuse exprime des arômes de sous-bois et de fruits rouges, parfois un peu exacerbés, tandis que sa maturité permet d'y trouver des tons pourpres, un bouquet subtil de fleurs d'automne, un corps plein et fruité soutenu par une légère amertume.

Les adresses pratiques des itinéraires se trouvent page 150.

La vigne et le vin à Paris

On a aujourd'hui oublié l'exceptionnelle extension du vignoble parisien, attesté dès 281 : 42 000 hectares de Bagneux à Chaillot, de Picpus à Vaugirard, sans oublier les fameuses «courtilles» de Belleville, temples de la fête bacchique parisienne au «Coq hardi» ou à la «Carotte filandreuse». Belle occasion pour un hommage… littéraire mais aussi en chansons à boire.

Le vin des guinguettes

Voir Paris, sans voir la Courtille,
Où le peuple joyeux fourmille,
Sans fréquenter les Porcherons,
Le rendez-vous des bons lurons,
C'est voir Rome, sans voir le pape […]
Alors, toute la troupe mange
Comme un Diable et boit comme
                    [un Ange,
À ta santé, toi. Grand merci :
J'allons boire à la tienne aussi.

                    Jean-Joseph Vadé,
                    La Pipe cassée, Paris, 1755

Un tableau bien arrosé

Parce qu'il n'y a que de mauvais vignobles aux environs de Paris, et des marchands de vins à pendre, n'imaginez pas que l'on y boive que de mauvais vins. Il n'y a pas plus de comparaison entre la cave d'un cabaretier et celle d'un gourmet, qu'entre le savetier et le prince.

Ô pouvoir de l'argent, aimant universel! Le vin, ce liquide précieux, a beau croître dans les régions éloignées, a beau tendre à s'échapper, on l'enchaîne, on le fait voyager; il n'est pas pour la bouche de celui qui a foulé la cuve. Le riche, avec une pièce de monnaie, lui défend de le boire. Ce liquide, transporté avec art, arrive des quatre coins de l'Europe et descend dans les caves voûtées et sablées du faubourg Saint-Germain et du faubourg Saint-Honoré.

Là, sont les robinets des fontaines abondantes et pourprées, d'où coulent les vins les plus exquis comme s'ils croissaient aux portes de la capitale. Le tonneau de l'excellent bourgogne, du délicieux champagne ne paye pas plus d'entrée que le tonneau de brie; et le vin qui déchire le gosier du tailleur est taxé au même taux que le nectar qui parfume la bouche du conseiller d'État.

Vous, beaux esprits, philosophes, peintres et musiciens, qui possédez un grenier, mais qui n'avez point de cave, descendez et venez à la table des riches : ce qu'on y sert le mérite bien. Après avoir bu la veille du vin de cabaret, sentez l'extrême différence qu'offrent les celliers de la même ville. Goûtez les vins de la Romanée, de Saint-Vincent, de Cîteaux, de Chambertin, de Saint-Georges, de Graves, tant rouge que blanc; humez le vin de Rota, de Chypre, de Pacaret, de Samos, la malvoisie, de Madère, le malaga, le malaga-muscat, le syracuse; donnez quelques saillies aux convives pour la bouteille d'aï, de rozé,

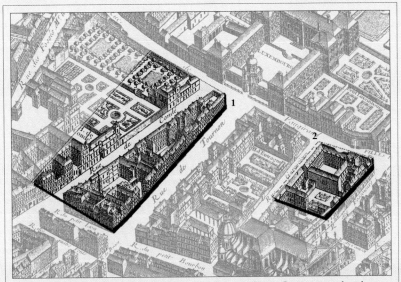

Les vignobles parisiens ont pour l'essentiel depuis longtemps disparu. On peut cependant donner une idée de l'étendue des «clos» sur le plan de Turgot. Ci-dessus, le quartier du Luxembourg : à gauche, le clos Bruneau qui longe l'actuelle rue de Tournon (1) et à droite, jouxtant au sud l'église du même nom, le long de la rue de Vaugirard, le clos Saint-Sulpice (2).

et appuyez sur le tokay, si vous le rencontrez, car c'est, à mon avis, le premier vin de la terre, et il n'appartient qu'aux maîtres de la terre d'en boire.

Louis-Sébastien Mercier,
Tableau de Paris, tome II,
chapitre DCXLIV, 1781

Une ivresse saphique

Décidée à noyer ses chagrins dans le jus délicat des vignes de Sétuval, elle sabla ses deux bouteilles comme j'aurais fait d'un verre de limonade, et devint dans l'état de déraison qui s'empara d'elle peu après, aussi folle, aussi gaie, aussi vive que jamais une jolie femme puisse être. Ses beaux cheveux noirs flottant sur son sein d'albâtre, ses yeux superbes tour à tour enflammés par le dépit et par

la douleur… Quelquefois mouillés de larmes d'un souvenir qu'elle ne pouvait éteindre… le désordre flottant d'une simarre de gaze, seul habit que la chaleur nous permît de porter, cet air touchant, qu'un peu de lassitude imprimait à ses traits, tout… tout en un mot la rendait si voluptueuse et si belle, qu'aucun homme sur la terre n'eût pu lui résister alors, et que j'eus peut-être besoin moi-même de toute ma raison et de tout mon amour, pour me rappeler que j'étais de son sexe.

Nous nous couchâmes… Elle me tint cent propos plus extravagants les uns que les autres, et cela à la veille du jour où nous allions être obligées peut-être à demander l'aumône, ou à faire pis pour obtenir notre subsistance… En ouvrant les yeux le lendemain, Clémentine fondit en larmes… L'ivresse est comme l'opium, elle calme la douleur et ne la rend que plus vive au réveil.

Sade,
*Histoire de Juliette
ou les prospérités du Vice*, Paris, 1801

La Marseillaise du buveur

Allons, enfants de la Courtille,
Le jour de boire est arrivé.
C'est pour nous que le boudin grille,
C'est pour nous qu'on l'a préparé. (bis)
Ne sent-on pas dans la cuisine
Rôtir et dindons et gigots;
Ma foi, nous serions bien nigauds,
Si nous leur faisions triste mine.
À table, citoyens, videz tous les flacons;
Buvez, buvez, qu'un vin bien pur
      [abreuve vos poumons.
Décoiffons chacun sept bouteilles,
Et ne laissons rien sur les plats;
D'amour faisons les sept merveilles
Au milieu des plus doux ébats. (bis)
Français, pour nous, ah! quel outrage,
S'il fallait rester en chemin!
Que Bacchus, par son jus divin,
Relève encor notre courage.
À table, etc.

La Feuille du matin,
25 novembre 1792

Distribution de vin en 1818, vue par un quaker américain, John Griscom

De vastes estrades étaient dressées le long de l'avenue principale, d'où l'on distribuait le vin et le pain à la populace. Un aspect de l'amusement consistait à faire en sorte que les gens se battent pour le vin. L'estrade était si haute et si fortement bordée de planches sur toutes ses faces qu'ils n'aient d'autres moyens d'y arriver que de grimper sur les épaules les uns des autres afin de présenter leurs pichets, leurs brocs, leurs seaux aux préposés de l'estrade. À cet effet, plusieurs individus se liguaient pour se soutenir l'un l'autre en s'opposant au reste. Parfois le vin était tiré par les hommes qui, sur l'estrade, étaient chargés de la distribution, et lorsqu'un récipient leur était tendu par un grimpeur heureux, ils le remplissaient en tout ou en partie, et le garçon, après avoir bu lui-même, tendait le reste à ses compagnons. D'autres fois ils perçaient un trou à travers le bordage et, insérant un tube dans ce trou, ils le raccordaient avec le tonneau de vin et le laissaient couler en un filet continu. Dans la lutte pour l'attraper, une bonne partie se trouvait perdue, mais le reste arrivait dans l'un ou l'autre des nombreux brocs et seaux en compétition.

Cité in *Tableaux de Paris*,
Editions Slatkine,
Paris-Genève, 1979

La butte Montmartre

J'ai longtemps habité Montmartre […].
Il y a là des moulins, des cabarets
et des tonnelles, des élysées champêtres
et des ruelles silencieuses, bordées
de chaumières, de granges et de jardins

Parmi les quartiers de Paris qui étaient à l'origine couverts de vignes, la montagne Sainte-Geneviève était l'un des plus importants. On peut ainsi localiser, entre autres, le vignoble de Mouftard (1); le clos des Pots (2) derrière la place de l'Estrapade; le clos Sainte-Geneviève (3) sur l'emplacement de l'actuel Panthéon; le clos Saint-Symphorien (4) près du collège Sainte-Barbe; le clos Saint-Étienne-des-Grès (5), également sur l'emplacement du Panthéon; le clos des Jacobins (6) au carrefour des rues Soufflot et Saint-Jacques; le clos Lévêque (7) à l'emplacement du collège de France; les clos Drapelet et Entrechelière (8), sur les actuels terrains de la Sorbonne.

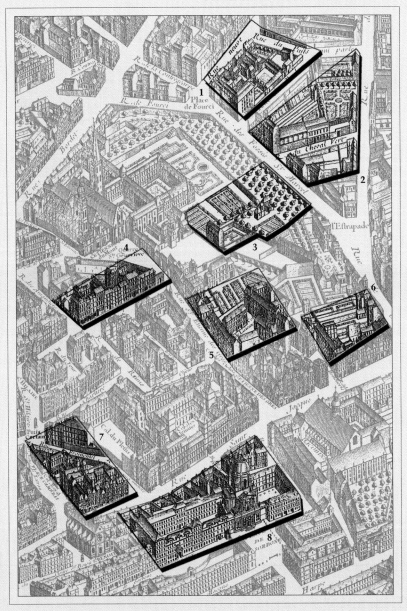

touffus, des plaines vertes coupées de précipices, où les sources filtrent dans la glaise, détachant peu à peu certains îlots de verdure où s'ébattent des chèvres, qui broutent l'acanthe suspendue aux rochers; des petites filles à l'œil fier, au pied montagnard, les surveillent en jouant entre elles.

On rencontre même une vigne, la dernière du cru célèbre de Montmartre, qui luttait, du temps des Romains, avec Argenteuil et Suresnes. Chaque année, cet humble coteau perd une rangée de ses ceps rabougris, qui tombent dans une carrière. – Il y a dix ans, j'aurais pu l'acquérir au prix de trois mille francs… On en demande aujourd'hui trente mille. C'est le plus beau point de vue des environs de Paris.

Ce qui me séduisait dans ce petit espace abrité par les grands arbres du Château des Brouillards, c'était d'abord ce reste de vignoble lié au souvenir de saint Denis, qui, au point de vue des philosophes, était peut-être le second Bacchus, Dionysos, et qui a eu trois corps dont l'un a été enterré à Montmartre, le second à Ratisbonne et le troisième à Corinthe.

Gérard de Nerval,
«Promenades et souvenirs»,
in L'Illustration, 30 décembre 1854,
puis 6 janvier et 3 février 1855

Chansons de vignerons

Je suis vigneron
Elle est vigneronne
Quand l'raisin est bon,
La vendange est bonne […]
Tout ras du bondon
J'emplirons la tonne.
Autour, je nous mettons
Tant d'gens que d'personnes.
Plantons la vigne,
La voilà, la jolie vigne.

Vigni, vignons, vignons le vin,
La voilà, la jolie vigne au vin…

◆

Ô saint Vincent, qui sur la terre,
Est le plus révéré des patrons,
À te fêter, joyeux compère,
S'apprêtent tous nos vignerons.
Reçois aujourd'hui les louanges,
L'écho de plus d'un cœur fervent.
Bon saint Vincent, homme puissant,
Pour avoir de belles vendanges,
Fais monter la sève au sarment.

Chansons à boire

Plus on est de fous,
Plus on rit à table.
Plus on est de fous
Plus Bacchus est doux.
Enivrons-nous tous
De ce jus délectable.
Plus on boit de coups,
Plus on est aimable.

◆

Francs lurons,
Rions, trinquons,
Ribottons
Et répétons :
Très-Sainte Bouteille,
Doux jus de la treille,
Dans mon verre arrive à grands flots,
Liqueur délectable.

◆

Sans parler ici du champagne,
Prenne qui voudra, pour sa part,
Le beaune, le nuits, le chassagne,
Pour moi, je m'en tiens au pommard.
De ce nectar, bouteille pleine,
Pour vos glouglous dites sans fin :
Vive le Roi, vive la Reine,
Vive Monseigneur le Dauphin !

◆

Boire à la Capucine,
C'est boire pauvrement ;
Boire à la Célestine,
C'est boire largement;
Boire à la Jacobine,
C'est chopine à chopine ;
Mais boire en Cordelier,
C'est vider le cellier.

L'âme du vin

Un soir, l'âme du vin chantait
        [dans les bouteilles :
«Homme, vers toi je pousse,
        [ô cher déshérité,
Sous ma prison de verre et mes cires
        [vermeilles,
Un chant plein de lumière
        [et de fraternité!

Je sais combien il faut, sur la colline
        [en flamme,
De peine, de sueur et de soleil cuisant
Pour engendrer ma vie et pour
        [me donner l'âme;
Mais je ne serai point ingrat
        [ni malfaisant,

Car j'éprouve une joie immense
        [quand je tombe
Dans le gosier d'un homme usé
        [par ses travaux,
Et sa chaude poitrine est une douce tombe
Où je me plais bien mieux que dans
        [mes froids caveaux.

Entends-tu retentir les refrains
        [des dimanches
Et l'espoir qui gazouille en mon sein
        [palpitant ?
Les coudes sur la table et retroussant
        [tes manches,
Tu me glorifieras et tu seras content;

J'allumerai les yeux de ta femme ravie;
À ton fils je rendrai sa force
        [et ses couleurs
Et serai pour ce frêle athlète de la vie
L'huile qui raffermit les muscles
        [des lutteurs.

En toi je tomberai, végétale ambroisie,
Grain précieux jeté par l'éternel
        [Semeur,
Pour que de notre amour naisse
        [la poésie
Qui jaillira vers Dieu comme une rare
        [fleur!»

                    Charles Baudelaire,
                    Les Fleurs du mal,
                    Œuvres complètes,
            Bibliothèque de la Pléiade,
                Gallimard, Paris, 1975

Enivrez-vous

Il faut être toujours ivre. Tout est là :
c'est l'unique question. Pour ne pas
sentir l'horrible fardeau du temps qui
brise vos épaules et vous penche vers
la terre, il faut vous enivrer sans trêve.
Mais de quoi? De vin, de poésie, ou de
vertu, à votre guise. Mais enivrez-vous.
    Et si quelquefois, sur les marches
d'un palais, sur l'herbe verte d'un fossé,
vous vous réveillez, l'ivresse déjà
diminuée ou disparue, demandez au
vent, à la vague, à l'étoile, à l'oiseau,
à l'horloge; à tout ce qui fuit, à tout
ce qui gémit, à tout ce qui roule,
à tout ce qui chante, à tout ce qui parle,
demandez quelle heure il est; et le vent,
la vague, l'étoile, l'oiseau, l'horloge,
vous répondront : «Il est l'heure de
s'enivrer! Pour ne pas être les esclaves
martyrisés du Temps, enivrez-vous;
enivrez-vous sans cesse! De vin,
de poésie ou de vertu, à votre guise.»

                    Charles Baudelaire,
            Petits poèmes en prose,
                in *Le Spleen de Paris*,
                Gallimard, Paris, 1973

Une cave que nous aimons

Une cave, quelle que soit sa taille, constitue un ensemble original; parce qu'elle en dit beaucoup sur les goûts, l'esprit et les curiosités de son propriétaire, elle a des vertus «cosmiques», à la manière de ces tableaux de la Renaissance où se déploient de gigantesques batailles.

Aucune règle ne fixe la composition d'une cave, sinon la passion nécessaire du vin. Aussi avons-nous tenté de faire partager au lecteur quelques-uns des choix que nous estimons les plus judicieux. C'est, à notre manière, une autre façon de se promener dans les caves et les vignobles. Et l'occasion

de nouer une relation privilégiée, indispensable, avec une région, un terroir et ses différentes expressions.

Pas de crus exceptionnels dans ces excursions; nous en avons déjà parlé plus haut. Au contraire, des conseils pour les vins de grand plaisir et de toutes occasions.

En Bordelais

La mode des seconds et même des troisièmes vins s'est installée depuis quinze ans, sous la pression de la demande et devant l'envolée des trois premiers crus. Dans les années médiocres ou moyennes, nous vous conseillons de vous abstenir, et de considérer la question dans les grandes années (1988, 1989, 1990, 1996, peut-être 2000). Et encore, avec discernement : choisissez ceux dont les parcelles sont traitées en direct et le rendement surveillé; évitez tous les vins «patronnés» par un grand nom qui se contente souvent d'un effet d'affichage sur des produits périphériques. C'est probablement en saint-julien qu'on trouve les meilleures réussites régulières sur un rapport qualité/prix convenable, mais déjà onéreux (de 15 à 28 euros) : clos du Marquis (deuxième de Léoville-Las Cases), Moulin Riche (deuxième de Léoville-Poyferré), La Croix (deuxième de Ducru-Beaucaillou), Duluc (deuxième de Branaire-Ducru), Sarget (deuxième de Gruaud-Larose). Pour le reste de la région, cherchez votre bonheur parmi les appellations moins connues. Par exemple : en blanc, un côtes-de-blaye non filtré de Philippe Baguenot 2001 ou le remarquable «Numéro 10» de Bruno Lafon (à Cars); en rouge et en blanc, un pessac-léognan, château Le Thil, Comte Clary (33850, Léognan) ou encore le château Reignac, cuvée Balthus, et le château Haut-Carles en fronsac.

De la Méditerranée au Rhône

Parlons clair : jusqu'aux années 1980, plus vous descendiez vers la mer et moins ce qu'on vous servait avait de rapport avec le vin tel que nous le concevons. Le littoral méditerranéen a progressé dans des proportions telles que le vocable de révolution n'est pas usurpé. Jadis, il fallait repérer les sorciers du vin après des années de fréquentation; aujourd'hui, la concurrence nous a incité à une sélection probablement extrême.

Nous avons retenu, dans les baux-de-provence, Dominique Hauvette à Saint-Rémy-de-Provence (04 90 92 03 90) et le domaine de Lauzières, pour son vin de table *sine nomine*, exceptionnel (04 90 47 62 88).

En bord de mer, côté ouest, les côtes de Thongue (un blanc «n° 7» invraisemblable; un rouge flatteur mais roublard). Côté est, dans le centre du Var, le domaine du Deffends (J. et S. de Lanversin, 83470, Saint-Maximin, 04 94 78 03 91) et le château Miraval (83143, Le Val, 04 94 86 46 80).

Lorsqu'on remonte au-delà de Châteauneuf-du-Pape, c'est davantage le changement de style dans une tradition bien établie qui frappe. Parmi ces flacons, six adresses dont les produits nous ont épaté : hermitage de Bernard Chave (attention, ne vous trompez pas de prénom, celui-ci est un expert : domaine Bernard Chave & Fils, 26600, Mercurol, 04 75 07 42 11); crozes-hermitage de Gilles Robin, cuvée «Albéric Bouvet» (à Chassis-Mercurol). Un vin des dîners entre copains à prix d'amis (10 euros); mais on connaît une dame octogénaire qui en fait son grand ordinaire et se porte comme un charme. Non loin de là, à Saint-Maurice-sur-Eygues, un côtes-du-rhône village, le clos du Paradis, cuvée «émergence», le type même de vin à boire, qu'on accepte de racheter aux lecteurs éventuellement déçus.

En beaujolais, le domaine de Vissoux et le château de la Maison-Blanche. On se les procure à Paris, chez «Vins et Collections» (7, rue Letort, XVIIIe, 01 42 55 45 87). Un meursault, clos du Mazeray, domaine Jacques Prieur, un vin comme on aime les grands bourgognes blancs à un rapport qualité/prix remarquable.

Et le reste direz-vous? Aucun ostracisme chez nous, juste le plaisir d'inciter au voyage, au risque, à la découverte : essayez un alsace de chez Ostertag et vous nous en direz des nouvelles; goûtez le ligéria de chez Adéa Consules, à Martigné-Briand, et vous comprendrez cette réputation de violette et de cassis déjà relevée chez Rabelais. Risquez-vous dans le bizarre avec un fief vendéen rouge, «La Grande Pièce» de la famille Milhon à Brem-sur-Mer.

Autour du monde

Faute de place, nous avons choisi une sélection de «Vins du Monde» (Le Cottage. Le Bas Vérac, 44 260, La Chapelle Launay, 02-40-56-75-75, info@vinsdumonde.com, www.vinsdumonde.com).

À chacun des cépages est associé un vin caractéristique :

Le zinfandel : c'est le seul cépage réellement autochtone en Californie mais on le trouve également en Italie méridionale (Pouilles), appelé là-bas primitivo. Il réussit particulièrement dans les climats chauds. Cline California Series, 1999 (Californie, États-Unis).

Le carménère : longtemps confondu avec le merlot au Chili, il s'agit d'un vieux cépage bordelais, encore présent de façon endémique. Il apporte de la structure aux assemblages. Valdivieso Barrel Select, 2000 (Chili).

Le tannat : c'est le cépage du madiran en France. En Uruguay, il est devenu le cépage national grâce à sa parfaite adaptation au climat et au sol. Le pays produit actuellement davantage de tannat que la région de Madiran! Pisano Primera Vina, 2000 (Uruguay).

Le malbec : la synergie entre le sol, le climat et le malbec font de ce cépage la star incontestée de la viticulture argentine. On le trouve en France dans la production du cahors (appelé aussi côt). Catena Zapata, 1999 (Argentine).

Le riesling : c'est, de loin, le premier cépage planté en Allemagne. Très bonne adéquation avec le sol et le climat qui donne de très grandes réussites, quelquefois avec beaucoup d'élégance. Thanish Bernkasteler Badstube Kabinett, 1998 (Allemagne).

Le grüner vetliner : totalement inconnu hors d'Autriche, il est là-bas le plus répandu (37 %). Les coteaux

abrupts, sur des formations géologiques anciennes, ainsi que des rendements contrôlés confèrent aux grandes cuvées une minéralité et une complexité exceptionnelles. Incontestablement, l'un des plus grand cépages blancs au monde. Brundlmayer Kamptal Terrasses, 2000 (Autriche).

L'aghiorghitiko : signifie saint-georges. Maturité tardive, couleur noire encre, tannins soyeux, bouquet spectaculaire de cassis et de prune. Réussit particulièrement dans le Péloponnèse, dans la région de Nemea, où il contribue à réaliser des grands vins de garde. GAIA Notios, 2001 (Grèce).

Le montepulciano : cépage local de la région des Abruzzes, avec l'appellation «montepulciano d'Abruzzo» (DOC), à ne pas confondre avec l'appellation toscane «vino nobile di Montepulciano» (DOCG à base de sangiovese). Masciarelli Montepulciano d'Abruzzo, 2000 (Italie).

Le tempranillo : cépage le plus estimé d'Espagne, originaire de Rioja et très présent en Ribera del Duero. Couleur intense, notes très aromatiques et veloutées. Donne des vins d'excellente structure avec un grand potentiel de garde. Dominio de Atauta, 2000 (Ribera del Duero, Espagne).

Le merlot : cépage caractéristique de la rive droite à Bordeaux, présent de manière dominante dans des appellations telles que pomerol ou saint-émilion. Morgenhof, 1999 (Stellenbosch, Afrique du Sud).

Le cabernet sauvignon : cépage de la rive gauche à Bordeaux, présent de manière dominante dans toutes les appellations du Médoc (pauillac, saint-estèphe, margaux, etc.). D'Arenberg High Trellis, 1999 (Mc Laren Vale, Australie).

Le sauvignon blanc : cépage des appellations de la Loire (sancerre), qui réussit particulièrement bien en Nouvelle-Zélande avec des notes aromatiques, davantage exotiques. Te Mata Woodthorpe, 2002 (Hawke's Bay, Nouvelle-Zélande).

Les accords des vins et des fromages

La France produit plus de trois cents fromages divers, dont les constituants – le gras, l'origine du lait, le degré d'affinage, la quantité de sel – et les méthodes de fabrication façonnent le goût. Un des accords les plus subtils de la gastronomie française réside dans le mariage entre fromage et vin, tous deux reconnus par des «appellations d'origine contrôlée».

Premier principe, on évitera les vins boisés et l'on choisira de préférence un vin blanc ou bien un rouge peu tannique, car les fromages ne s'apprécient ni avec les arômes vanillés, ni avec l'acidité des tannins. Toute sélection impose un choix. Le jeu et l'invention familière de chacun proposeront des variantes. Chacun usera donc sans modération de sa liberté, confortée bien sûr par un savant apprentissage. Effet de mode peut-être, chaque époque choisit son fromage. Il n'est que de relire *Le Ventre de Paris* d'Émile Zola. Le brie, pour la fin du XIXᵉ siècle, était le roi des fromages, qu'il fût de Melun (AOC, 1978) ou bien de Meaux (AOC, 1980). Fabriqué encore selon des techniques artisanales, et affiné en cave au moins quatre semaines, ce fromage est un survivant. On l'aime encore aujourd'hui avec un bourgogne rouge jeune – auxey-duresse ou monthélie – ou bien avec un rosé des Riceys, magnifique vignoble des confins de l'Aube et de la Bourgogne. Le véritable camembert (AOC, 1983) était la coqueluche de l'entre-deux-guerres et des années folles. L'accompagnement idéal est plus le cidre de ferme que les grands crus classés de Bordeaux. Si l'on a le goût de l'insolite, un côtes-du-jura

à goût «jaune», issu de cépage savagnin, nous mènera hors des sentiers battus. L'engouement actuel pour le salers (AOC, 1961), fromage fermier, à la pâte pressée non cuite, originaire du Cantal, tient à la mise en pâturage des vaches conjuguée avec l'influence de la flore particulière des terrains volcaniques. Son compagnon de fortune est un vin blanc moelleux de Jurançon.

Brillat-Savarin a tout bonnement baptisé l'époisses «roi des fromages». Un vrai don de la nature, avec sa belle couleur d'or et sa saveur incomparable. La zone de production de ce fromage est située principalement dans l'ouest de la Côte-d'Or, et s'étend à quelques communes de l'Yonne et de la Haute-Marne. Ce fromage à croûte rouge, due à la pigmentation naturelle de ses ferments, à l'odeur forte, réserve la finesse pour sa pâte, toute de subtilité et de douceur. L'odeur spécifique est pénétrante, expansive, franche et bouquetée. Une délicate sensation de crémeux enrobe ses arômes. Il aimera le vieux marc de Bourgogne, avec lequel sa croûte a été lavée pendant l'affinage, mais goûtera un bourgogne aux formes rondes, meursault-genevrières par exemple.

Voir dans le roquefort un des fromages des origines de la civilisation méditerranéenne n'est pas excessif. Le lait des brebis de l'Aveyron, et les grottes du massif du Combalou où se développe le mieux le champignon de moisissure, ont été les facteurs électifs et déterminants de la qualité du roquefort. Mais, à l'exception de quelques fabrications artisanales comme celles de la maison Carles, il est aujourd'hui devenu un produit industriel.

Il n'empêche, ce fromage s'apprécie avec les vins doux naturel, le banyuls, les vins liquoreux de sauternes ou le tokay; les amateurs pousseront même vers les vieux jasnières ou les bonnezeaux. Pour le porto, choisir sa gamme, du tawny au vintage; certains maury peuvent aussi escorter un roquefort peu salé.

La chèvre fut, selon Ovide, le premier animal domestiqué. Amie des bergers, des poètes et des pauvres, elle se nourrit de peu. Les paysans bio, ceux qui ont fait un retour à la terre, aiment les chèvres. Et les amateurs adorent leurs fromages variés; on en compte plus d'une centaine. Il se trouve que l'extrême soin que l'on prend à les faire en justifie la multiplicité et les prix. Bon nombre de fromagers qualifiés considèrent cette production comme le haut de gamme de la fromagerie : petites quantités produites, soins, qualité du lait, absence d'adjuvants, de colorants, de conservateurs, bichonnage de la confection artisanale. Avec le chèvre, pas de rouge, rien ne vaut un blanc du terroir d'à côté, sancerre, pouilly fumé, blanc des costières de Nîmes, des côtes de Thongue ou encore un xérès pour un exercice de haute école.

GLOSSAIRE

Acerbe : vin âpre et dur, à cause d'un excès d'acidité ou de raisins pas assez mûrs.

Acétique : vin aigre à la suite d'une exposition prolongée à l'air. L'oxydation altère ses arômes.

Âcre : vin rouge vieux très astringent, qui a perdu son harmonie et son corps

Agressif : vin irritant et désagréable à cause d'une acidité ou d'une astringence dominante qui agresse les muqueuses.

Aigre : très acide, proche du vinaigre.

Aimable : vin rouge léger qui se boit facilement.

Alcooleux : vin présentant trop d'alcool et qui brûle le palais.

Altéré : vin oxydé, bon pour le vinaigre.

Ambré : pour les blancs, teinte des vins en phase de vieillissement. Pour les rouges âgés, se traduit au nez par une nuance musquée.

Amour : un vin «qui a de l'amour» est séveux et chaleureux (expression bourguignonne).

Ample : vin harmonieux donnant l'impression d'occuper pleinement et longuement la bouche.

Âpre : vin râpeux et rude, trop riche en tanins.

Aqueux : vin qui manque de consistance et donne l'impression d'être dilué avec de l'eau.

Aride : vin maigre, manquant de rondeur.

Aromatique : vin qui s'exprime bien au nez et qui est riche en arômes agréables.

Astringent : vin qui agresse les gencives du fait de la présence de tanins jeunes.

Austère : vin trop jeune, qui doit s'assouplir pour révéler son expression aromatique.

Battu : vin ayant subi une manipulation ou des conditions de conservation dommageables (transport, changement de température…).

Bocké : vin qui a une odeur désagréable rappelant l'ail.

Boisé : caractérise les vins qui ont séjourné dans des fûts en bois, varie selon l'âge et la capacité de la futaille. Il peut s'exprimer par des odeurs de vanille et de caramel.

Bouchonné : vin qui a une odeur de moisi due à une altération du liège par les moisissures.

Bourru : vin encore troublé par sa lie, quand il est en cours de fermentation.

Brillant : aspect très lumineux et limpide, indice de la présence d'acidité dans le vin.

Brûlant : vin chargé en alcool qui donne une sensation de chaleur en bouche.

Brûlé : caractérise des odeurs diverses, allant du caramel au bois brûlé.

Brut : vin bien sec, dont le dosage comprend le minimum de sucre.

Capiteux : vin très riche en alcool.

Caractère : vin qui a de la personnalité.

Chaleureux : vin marqué par la richesse alcoolique qui donne l'impression de chaleur en bouche.

Charnu : vin plein, corsé, qui donne une sensation de densité en bouche.

Charpenté : vin robuste, solide et présentant une bonne structure tannique.

Chaud : vin rouge, charnu et corsé, très marqué en alcool.

Clair : vin franc, limpide, débarrassé de ses matières en suspension.

Complexe : vin qui présente une gamme d'arôme variés et expressifs.

Corsé : vin au caractère affirmé avec une saveur prononcée et riche en alcool.

Coulant : facile à boire, souple, sans complexité.

Court : à la saveur fugitive.

Creux : vin maigre.

Cristallin : vin parfaitement brillant et transparent.

Cuisse (avoir de la) : vin possédant des rondeurs, de la chair, du charme.

Cuit (goût de) : vin d'une trop forte teneur alcoolique, dont les raisins semblent avoir été brûlés par le soleil.

Dépouillé : vin séparé de son dépôt.

Doucereux : vin qui a une douceur fade.

Doux : vin sucré et liquoreux.

Dur : vin manquant de souplesse, astringent et agressif au palais.

Effervescent : vin dégageant des bulles de gaz.

Élégant : vin distinctif, fin et racé.

Entier : vin sans défaut lors de sa dégustation.

Enveloppé : vin riche en alcool, mais dans lequel le moelleux domine.

Épais : vin lourd qui manque de finesse.

Épanoui : vin équilibré, séducteur.

Équilibré : vin bien proportionné, harmonieux.

Étoffé : vin qui a du caractère et du corps : belle texture, riche en tannins mais sans excès.

Éventé : ou «mâché»; vin qui a été au contact de l'air, lors de la mise en bouteille.

Évolué : vin dont la robe et les arômes se sont transformés en cours de maturation.

Fade : vin manquant d'acidité et de caractère.

Faisandé : vin dont les arômes rappellent l'odeur de la viande en décomposition.

Fatigué : vin qui manque de tonus.

Féminin : vin délicat, subtil et gracieux.

Ferme : vin qui a du corps et du nerf, bien équilibré en acidité et en astringence.

Fermé : vin qui n'est pas encore épanoui.

Fin : vin harmonieux, délicat.

Fondu : ensemble homogène et harmonieux qui doit s'affirmer avec l'âge.

Foxé : vin particulièrement malodorant (*fox* signifie renard en anglais).

Frais : vins jeunes, légers, qui présentent une acidité rafraîchissante.

Franc : vin qui ne présente ni altérations ni défauts.

Friand : vin léger et agréablement fruité.

Fumé : odeurs proches de celles des aliments fumés (caractéristique du cépage sauvignon).

Généreux : vin riche et corsé avec une forte présence alcoolique en bouche.

Glissant : coulant.

Gouleyant : vin souple et coulant, fruité et léger.

Gras : vin moelleux et onctueux, avec douceur.

Grossier : vin lourd et épais, sans harmonie.

Harmonieux : vins dont tous les éléments sont proportionnels les uns aux autres.

Huileux : vin généralement blanc, altéré par des bactéries qui le rendent filant comme l'huile.

Incisif : vin présentant une acidité marquée et une attaque vive et mordante.

Intense : vin à la robe et aux arômes puissants.

Léger : vin peu coloré, peu alcoolique, dépourvu de chair mais équilibré.

Limpide : vin translucide, sans particules en suspension.

Liquoreux : vin blanc riche en sucres résiduels, à la texture onctueuse.

Long : vin dont les saveurs persistent en bouche.

Lourd : vin sans charme, épais, trop riche et dépourvu de fraîcheur.

Mâché : vin déséquilibré par le transport.

Madérisé : vin ambré, oxydé, qui prend les arômes et le goût caractéristiques du madère.

Maigre : vin qui manque de chair, avec une légère prédominance de l'acidité.

Mince : vin manquant de caractère.

Moelleux : vin riche, onctueux et rond, qui remplit agréablement la bouche.

Mou : vin qui manque d'acidité.

Mousseux : vin dont le gaz carbonique est le produit d'une fermentation, naturelle ou non.

Muscadé : vin blanc très parfumé, parfois trop, rappelant l'odeur du raisin.

Nerveux : vin vif et frais, surtout pour les blancs ayant une bonne acidité.

Net : vin franc, sans ambiguïté.

Neutre : vin sans personnalité.

Noble : désigne les cépages de qualité comme le cabernet-sauvignon ou le chardonnay.

Nouveau : vin de la première vendange.

Onctueux : vin velouté et gras.

Oxydé : vin altéré par une oxydation.

Pétillant : vin légèrement mousseux.

Piqué : vin atteint d'acescence, odeur aigre prononcée.

Piquette : addition d'eau et de moût, lorsque celui-ci, sorti du pressoir, est remis en cuves.

Plein : vin équilibré et généreux, présentant à la fois de la couleur, de la matière et du corps.

Plombé : vin à la couleur grisâtre ; maturité dépassée ou problème de vinification.

Puissant : vin généreux qui a du corps, riche en alcool.

Racé : vin qui se distingue par sa finesse et son élégance.

Râpeux : vin dont les tanins agressent le palais par leur astringence.

Riche : vin opulent, puissant, fort en alcool et en couleur.

Rond : vin équilibré et souple, sans aspérité.

Rôti : vin doux et onctueux, naturellement ou par adjonction d'eau-de-vie.

Rude : vin dont l'astringence prime sur l'alcool et l'acidité.

Sec : vin blanc sans sucre résiduel perceptible.

Séveux : grands vins fins au corps riche. Exprime une certaine plénitude en bouche.

Solide : vin bien constitué, avec une bonne charpente.

Souple : vin rouge agréable aux tanins légers ou blanc à la rondeur soulignée par la sucrosité.

Soyeux : vin souple, onctueux au palais.

Spiritueux : vin très sucré, même trop, ne respectant plus l'équilibre du vin.

Structuré : vin qui a une bonne charpente.

Suave : harmonie entre les arômes, la souplesse et le moelleux du vin.

Sulfité : vin trop chargé en soufre.

Tannique : vin dont le tanin et l'astringence priment sur l'alcool et l'acidité.

Tendre : vin blanc sec, souple et gouleyant.

Terne : vin sans éclat, relativement clair.

Tuilé : vin rouge vieux, couleur «terre cuite», ambré, sombre.

Typé : vin typé par son terroir et non par un cépage ou par une manière de vinifier.

Vanillé : vin qui sent la vanille au nez comme en bouche, en raison de l'élevage en barriques de chêne.

Velouté : vin peu acide, fin, soyeux et caressant en bouche.

Vénusté : s'applique à un vin très (trop) puissant, très charpenté.

Vert : vin jeune à l'acidité importante.

Vif : vin nerveux.

Vineux : vin riche en alcool, corsé et puissant.

Viril : vin qui a du corps et une certaine puissance.

Voilé : vin troublé.

BIBLIOGRAPHIE

- Actes du colloque de Nice, *Manger et boire au Moyen Âge*, Paris, Les Belles Lettres, 1984.
- Adams, L.D., *The Wines of America*, New York, 1985.
- Anderson, B., *Vino : the Wines and Wine-Makers of Italy*, Boston, 1980 ; Biondi Santi, Florence, 1980.
- André, Jacques, *L'Alimentation et la cuisine à Rome*, Paris, Belles lettres, 1981.
- Chatelain-Courtois, Martine, *Les Mots du vin et de l'ivresse*, Paris, Belin, 1984.
- Colloque du CILOP, *Vin et civilisation*, Paris-Turin, 1984.
- Darby, W.J., *Wine and Medical Wisdom Through the Ages, in Wine, Health and Society*, San Francisco, 1982.
- Dethier, Jean, *Châteaux Bordeaux*, Éditions du Centre Georges Pompidou, Paris, 1988.
- Dion, Roger, *Histoire de la vigne et du vin en France des origines au XIXᵉ siècle*, Paris, Flammarion, rééd., 1977.
- Drower, E.S., *Water into Wine*, Londres, 1956.
- Etienne, Robert, *La Vie quotidienne à Pompéi*, Paris, 1966; Hachette littératures, Paris, 1998.
- Gadille, Rolande, *Le Vignoble de la côte bourguignonne*, Paris, Belles lettres, 1968.
- Gandilhon, René, *Naissance du champagne*, Paris, Hachette, 1968.
- Garrier, Gilbert, *Histoire sociale et culturelle du vin*, Paris, Bordas, 1995.
- Garrier, Gilbert, (sous la dir. de), *Le Vin des historiens*, université du Vin de Suze-la-Rousse, 1990.
- Huet, Myriam, et Lauzéral, Valérie, *Dictionnaire des vins et alcools*, Hervas, Paris, 1990.
- Hyams, E., *Dionysos : A Social History of the Wine Vine* Londres, 1965.
- Johnson, Hugh, *Une histoire mondiale du vin de l'Antiquité à nos jours*, Paris, Hachette, traduction de Claude Dovaz, 1990.
- Lachiver, Marcel, *Vins, vignes et vignerons. Histoire du vignoble français*, Paris, Fayard, 1988.
- Laubenheimer, Fanette, *Le Temps des amphores. Vins, sauces et huiles*, Paris, Errance, 1990.
- Leonar, W.E., *Gilgamesh : Epic of Old Babylonia*, New York, 1934.
- Lord, T., *The New Wines of Spain*, Londres, 1988.
- Nahoum-Grappe, Véronique, *La Culture de l'ivresse. Essai de phénoménologie historique*, Paris, Quai Voltaire, 1991.
- Nourrisson, Didier, *Le Buveur du XIXᵉ siècle*, Paris, Albin Michel, 1990.
- Oberlé, Gérard, *Les Fastes de Bacchus et de Comus*, Paris, Belfond, 1989.
- Peynaud, Émile, *Le Vin et les jours*, Paris, Dunod, 1988.
- Peynaud, Émile, *Le Goût du vin*, Paris, 1983.
- Polanyi, K. *Trade and Market in the Early Empires*, Glencoe, 1963.
- Robinson, J., *Vines Grapes and Wines*, New York, 1974.
- Servard, Desmond, *Les Moines et le vin*, Paris, Pygmalion, 1979.
- Tchernia, André, *Le Vin de l'Italie romaine*, Rome, École française de Rome, 1986.
- Vickers, M., *Greek Symposia*, Londres, 1978.
- *La Vigne et le vin en Île-de-France*, Paris, 1984.

ADRESSES DES ITINÉRAIRES

Languedoc Roussillon et Côtes-de-Provence
- Conseil interprofessionnel des vins du Languedoc, www.languedoc-wines.com
- Comité interprofessionnel des vins de Côtes-de-Provence, www.cotes-de-provence.fr

Loire
- Domaine de la Chevalerie, 37140 Restigné, 02 47 97 37 18.
- Paul Buisse, 69, route de Vierzon, 41402, Montrichard, 02 54 32 00 01.
- Comité interprofessionnel des vins de Touraine, 19, square Prosper Mérimée, 37000 Tours, 02 47 64 24 83.

Bourgogne
- Chablis : domaine Daniel-Etienne Defaix.

Aux Celliers du Vieux Château,
14, rue Auxerroise. 89800 Chablis,
03 86 42 42 05, chablis.defaix@wanadoo.fr
- Épineuil : Domaine de l'Abbaye du Petit Quincy. (Chemin du Petit Quincy, 89 700 Épineuil, 03 86 54 40 29).

Bordelais
- Planète Bordeaux RN 89, sortie n° 5, Beychac-et-Caillau, 05 57 97 19 35 planete@maisondesbordeaux.com

Savoie
- Comité interprofessionnel des vins de Savoie, 3, rue du Château. 73000, Chambéry, 04 79 33 44 15 http://www.chez.com/vinsavoie

de N. Von Aelst, XVIIe siècle.
46 *Transport du vin*, miniature in *Codex Marciano*. Bibliothèque Marciana, Venise.
47 *La Grande Grue du port de Bruges déchargeant des tonneaux de vin*, miniature, XVe siècle. Bibliothèque nationale, Munich.
48 *Le Mois d'octobre*, peinture de Cristofano Rustici. Palazzo Pubblico, Sienne.
49 *Banquet de noces de Ferdinand Ier de Toscane*, huile sur toile de Domenico Passignano, 1590. Kunsthistorisches Museum, Vienne.
50-51 *Taille de la vigne, le mois de Mars*, (détail), fresque de Francesco del Cossa, vers 1469. Palazzo Schifanoia, Ferrare.
52 *Buveurs dans une cave*, gravure de N. Von Aelst, XVIIe siècle.
53 *Le Dessert de gaufrettes*, huile sur bois de Lubin Baugin. Musée du Louvre, Paris.
54 *Buveur de bière et fumeur*, huile sur bois de David Teniers II le Jeune. Musée du Louvre, Paris.
55 *Le Repas*, huile sur toile de Diego Vélasquez, 1620. Musée des Beaux-Arts, Budapest.
56 *Les Frères Clarke buvant du vin avec d'autres gentilhommes*, huile sur toile de G. Hamilton, vers 1730. Yale Center for British Art, Yale.
56-57b *La Barge en bois*, huile sur toile de Adam Pynacker. Musée de l'Hermitage, Saint-Pétersbourg.
57 *Portrait de Thomas Barton*. Château de Langoa Barton.
58 Page de titre de *Manière de cultiver la vigne et de faire le vin en Champagne*, Reims, 1718.
59 *Le Goût*, huile sur toile de Philippe Mercier, vers 1745. Yale Center for Bristish Art, Paul Mellon Collection, Yale.
60-61 *Le Déjeuner d'huîtres*, huile sur toile de Jean-François de Troy. Musée Condé, Chantilly.

CHAPITRE 4

62 *Marchand de vin assistant au déchargement des tonneaux*, huile sur toile de Anton Garemyn. Rafael Valls Gallery, Londres.
63 *Marchands de vin*, miniature, vers 1530.
64 *Marchand et goûteur de vin*, gravure sur bois in *Ordonnances Royaulx de la juridiction de la prévosté des marchands et eschevinage de la ville de Paris*, 1528.
65g *Jaugeur de vin*, idem.
65d *Crieur de vin*, idem.
66 *Enseigne de marchand de vin*, XVIIIe siècle. Musée du Vin de Bourgogne, Beaune.
67 *Le Marché aux fruits, l'automne*, huile sur toile, école hollandaise, 1590. Kunsthistorisches Museum, Vienne.
68-69 *La Dogana à Venise*, huile sur toile de Canaletto, vers 1725. Museum der Stadt, Vienne.
70 *Marchands de vin en Flandres*, peinture de Jacques d'Arthois. Musée Fabre, Montpellier.
71 *La Buveuse*, huile sur toile de Pieter de Hooch. Musée du Louvre, Paris.
72 *Vue du Dam à Amsterdam*, huile sur bois de Jan van der Heyden, vers 1668. Musée historique, Amsterdam.
73 *La Place de Grève à Paris*, huile sur toile de Nicolas Raguenet. Musée Pouchkine, Moscou.
74-75h *Vue de la nouvelle halle aux vins sur le quai Saint-Bernard*, lithographie de Courvoisier d'après Dubois, XIXe siècle.
74-75b *Vue intérieure de la nouvelle halle aux vins sur le quai Saint-Bernard*, détail, gouache sur papier de Auguste Hibon. Musée Carnavalet, Paris.
76-77h *Vue du port de Bordeaux*, huile sur toile de Joseph Vernet. Musée de la Marine, Paris.
76b *Caves et ateliers de Messieurs P. Morel et F. Sourzac de Bordeaux*, gravure, 1864.
77b Plan d'assureur des chais du quai des Chartrons à Bordeaux. Archives municipales de Bordeaux.

CHAPITRE 5

78 *Enseigne de marchand de vin*, fin du XVIIIe siècle. Musée Carnavalet, Paris.
79 *Réservez le vin pour les poilus*, affiche.
80 *Transport du vin et marchands*, gravure illustrant un arrêt du Conseil d'État du roi, 1707.
81 *Chez Ramponneaux*, aquarelle, fin du XVIIIe siècle. Bibliothèque historique de la Ville de Paris, Paris.
82h *Nouveau pacte de Louis XVI avec son peuple, le 20 juin 1792, l'an 4 de la liberté*, gravure colorée. Musée de la Révolution française, Vizille.
82-83b *Tribunal de prison, 2 et 3 septembre 1792*, gouache sur carton de Lesueur. Musée Carnavalet, Paris.
84 Livre de comptes de la maison Ruinart. Archives Ruinart, Reims.
84-85b Flûtes à champagne au chiffre de Napoléon Ier et Joséphine. Château de La Malmaison.
85h Étiquette de champagne Jacquesson & Fils, milieu du XIXe siècle. Bibliothèque de l'Union centrale des Arts décoratifs, Paris.
86 Publicité pour le vin australien, début du XXe siècle.
87 *Les Vendanges en Californie*, lithographie, 1878.

INDEX

CRÉDITS PHOTOGRAPHIQUES

AKG/Paris 1, 28-29b, 30b, 72, 91, 92; AKG/Erich Lessing 26, 50-51, 67. Archives municipales de Bordeaux/B. Rakotomanga 77b. Archives Ruinart, Reims 84. The Art Archive 28, 40. Artothek 63. Bios 17. Bibliothèque nationale de France, Paris 42, 43. Bridgeman/Giraudon 6, 9, 25, 27, 30-31h, 35d, 37, 38-16, 39, 49, 55, 56-57b, 59, 62, 73, 74-75b, 76b, 78, 80, 82h, 82-83b, 85h, 88-89b, 93, 120h, 121. Centre des Monuments nationaux, Paris/G. L. Arlaud 100-101h. Cephas 106, 107h. Coll. part 57, 58, 104h, 105h, 118. Corbis/Ali Meyer 68-69. Dagli Orti 24, 32, 33, 34, 34-35h, 36, 46, 48, 66, 70, 98. D.I.T.E/U.S.I.S. 87, 104-105b. Hoa-Qui/Philippe Roy 1er plat de couverture. Kharbine-Tapabor 100, 111. Leemage 14, 15g, 15d, 45, 52, 64, 65g, 65d, 74-75h, 79, 90, 99, 120b. Éditions Gallimard/Patrick Léger 124-125. Magnum/Burri 108h; Magnum/Thomas Höpker 108-109b; Magnum/Ferdinando Scianna 102b; Magnum/Werner Bischof 102h. Mary Evans 86, 119. Sabine Mille 160. Musée de la Civilisation gallo-romaine, Lyon/J. M. Degueule 31. Musée du vin de Bourgogne, Beaune 115. Photononstop 7. R.E.A. 107b, 123. Service photographique de la Réunion des Musées nationaux, Paris 2e plat de couverture, 2, 5, 16, 53, 54, 60-61, 71, 76-77h, 84-85b, 88, 129. Roger-Viollet, Paris 47, 81, 89h, 94-95, 103b, 114. Scala 44. Scope dos de couverture, 11, 12, 18h, 18b, 19h, 19b, 20, 21h, 21b, 22, 23, 110, 112h, 112b, 113bg, 113bd, 117h, 117b, 122, 126b, 126-127h, 128, 130, 131, 134, 135, 136, 138, 144, 145, 147, 157, 158. Humberto Serra, Rome 41. Sucré-Salé 3, 8. TAL/Rue des Archives 96-97. Top 4. Yale Center for British Art, Yale 56.

REMERCIEMENTS

Les Éditions Gallimard remercient la maison Nicolas, et en particulier M. Bouriquet et Benoît Durand, responsables du magasin de la place de la Madeleine à Paris, de leur avoir permis de «manipuler» quelques bouteilles mythiques; ainsi que Muriel Nicolas (OPHA) pour son aimable concours.

ÉDITION ET FABRICATION

DÉCOUVERTES GALLIMARD
COLLECTION CONÇUE PAR Pierre Marchand.
DIRECTION Élisabeth de Farcy.
COORDINATION ÉDITORIALE Anne Lemaire.
GRAPHISME Alain Gouessant.
COORDINATION ICONOGRAPHIQUE Isabelle de Latour.
SUIVI DE PRODUCTION Fabienne Brifault.
SUIVI DE PARTENARIAT Madeleine Gonçalves.
PRESSE Flora Joly et Pierre Gestède.

LE VIN, UNE HISTOIRE DE GOÛT
ÉDITION Frédéric Morvan Becker.
MAQUETTE ET MONTAGE Valentina Leporé.
ICONOGRAPHIE Anne Soto.
CARTOGRAPHIE Édigraphie.
LECTURE-CORRECTION Pierre Granet et Jocelyne Marziou.
PHOTOGRAVURE La Station Graphique.

Anthony Rowley est éditeur, historien, et tient les chroniques gastronomiques de *Commentaire* et de *Senso*. Il consacre ses recherches universitaires à l'histoire du goût culinaire et enseigne à Sciences Po. Il a publié, entre autres, *À table! La fête gastronomique*, dans la même collection Découvertes Gallimard, 1994; *Les Français à table*, atlas historique de la gastronomie française, Hachette, 1996, et *La Cuisine, une pièce à vivre*, Flammarion, 1997.

Jean-Claude Ribaut, architecte et gastronome, est chroniqueur au journal *Le Monde* (vins et gastronomie). Il a publié : *Le Jardin des épices*, avec Bernard Nantet, Éditions Du May, 1992; le *Guide Gallimard des Restaurants de Paris* (2e édition révisée, 1995); *Saveurs de Havanes* avec Michel Creignou, Hachette, 1998.

Tous droits de traduction
et d'adaptation réservés
pour tous pays
© *Gallimard 2003*
1er *dépôt légal : août 2003*

Dépôt légal : octobre 2003
Numéro d'édition : 127995
ISBN : 2-07-076559-8
Imprimé en France par IME
N° d'impression : 16870